创业机会（原书第2版）

认清那些关乎创业成败的核心要素

[加] 肖恩 · 怀斯（Sean Wise）[美] 布拉德 · 菲尔德（Brad Feld）◎著
凌鸿程　刘寅龙◎译

机械工业出版社
CHINA MACHINE PRESS

每一年，都有成千上万的创业者开启新的商业冒险，他们中的许多人相信自己会创立下一家独角兽公司。但事实是，很少有人能让公司存活到五年后，更少的人能坚持到10年后，极少数佼佼者最终在全球范围内书写成功的传奇。这本书是所有有志于创业的人士的必读书，一本帮助你评估商业理念的实践指南。本书主要内容包括：是否应该辞去全职工作全力创业的10项判断原则，早期客户开发怎样将一个好主意变成巨大商机，哪些机会能吸引天使投资者的关注，等等。

两位作者在创投界拥有超过20年的从业经验，见证了超过3万笔投资，并亲自参与了超过500家创业企业。在本书中，这两位来自北美的顶级创业导师将分享他们关于影响创业企业成败的全部思考。

北京市版权局著作权合同登记　图字：01-2017-2478号。

图书在版编目（CIP）数据

创业机会/（加）肖恩·怀斯（Sean Wise），（美）布拉德·菲尔德（Brad Feld）著；凌鸿程，刘寅龙译．—北京：机械工业出版社，2017.12

书名原文：Startup Opportunities, Second Edition: Know When To Quit Your Day Job

ISBN 978-7-111-58565-7

Ⅰ.①创…　Ⅱ.①肖…　②布…　③凌…　④刘…　Ⅲ.①创业—研究　Ⅳ.①F241.4

中国版本图书馆CIP数据核字（2017）第291488号

机械工业出版社（北京市百万庄大街22号　邮政编码100037）

策划编辑：李新妞　　　责任编辑：廖　岩

责任校对：李　伟　　　责任印制：常天培

北京圣夫亚美印刷有限公司印刷

2018年1月第1版·第1次印刷

170mm×242mm·11印张·172千字

标准书号：ISBN 978-7-111-58565-7

定价：49.00元

凡购本书，如有缺页、倒页、脱页，由本社发行部调换

电话服务　　　　　　　　网络服务

服务咨询热线：010-88361066　　机 工 官 网：www.cmpbook.com

读者购书热线：010-68326294　　机 工 官 博：weibo.com/cmp1952

　　　　　　　010-88379203　　金 书 网：www.golden-book.com

封面无防伪标均为盗版　　　　教育服务网：www.cmpedu.com

谨以此书献给艾米和玛丽莎

不仅是妻子，也是我们迄今为止所把握的最佳机会，当然，更是最好的投资

序

Startup Opportunities:
Know When To Quit Your Day Job

“亲爱的克里斯，我有个想法，我认为它或将打造出一个拥有 340 亿美元市场价值空间的行业。”

你猜想，那会是一个怎样的想法？ 我永远也不会打开这样的电子邮件。 不管随后的描述是如何的天花乱坠，只要在电子邮箱中看到这样的字眼，我都会当机立断地将其删除。

为什么呢？ 正如你听到我经常说的那样：“想想没有什么，关键在于执行。”

在某些时候，每个人都会有灵光乍现的时刻，我们会突然对自己说：“如果怎样怎样，是不是很酷呢？”每个人都有迸发灵感的能力。 在现实生活中，我相信肯定有人曾想过：“如果我按下一个按钮，就会有一辆漂亮的汽车和一名专业司机出现在面前，那会不会很酷啊？”“假如有人愿意提供可以租住几天的房子，那肯定会特别受欢迎吧？”“如果我们有个能付款的 API 接口，那该多方便啊？”“如果只需一点超文本链接即可使用应用程序打电话并完成文本文件的编辑，那该会多时尚啊？”

既然你有这么多好想法，为什么没能成为财经杂志封面上的亿万富翁呢？ 既然你已经购买了一个别致的网站域名，为什么你的公司不上市呢？

因为所有的价值、所有的神奇、所有的成就以及与创业息息相关的所有一切，都来自于“如果怎样怎样是不是很酷”这个想法后的数月乃至数年的辛勤耕耘。

自 2007 年开始进行种子投资以来，我一直在如痴如醉地关注着创业者。 我花费大量时间和他们共处，深入了解我熟知的领域。 我的简历中没有华尔街或是宝洁公司之类大企业的工作经历，而且我对 Excel 应用也不在行。 因此，假如和我共事，我既不会成为你的供应链经理或者广告优化管家，也别指望我去预测五年后的第三季度销售额。

但假如我们走到一起，我肯定是那个能让产品变得更简单实用的人。

回到当下，创办企业需要投入高昂的成本。软件是付费的，因此，创业者必须购置价格不菲的服务器，他们甚至要在高速数据中心运行自己的设备系统。所有这些都意味着，在起步之前创业者必须筹集到大量的资金。

结果会怎样呢？投行的培训生按你的想法展开联想，编写出一份 60 页的商业计划。胸怀大志的首席执行官不得不面对投资者的拷问，他们的每一个假设都会遭到质疑。那些不着边际、胡说八道的艺术家们，总是喜欢坐在人造皮革的咖啡桌边，俗不可耐地重复着枯燥乏味的苏格拉底式过程。

今天，随着开放源码、AWS㊀、GitHub㊁以及免费 Wi-Fi 咖啡店的普及，通过代码将创意诉诸实践已基本没有障碍。只要 99 美元，你就可以取得漂亮的 LoGo 和流畅的网页，这样，在别人眼里，你确实是在做事情。既不需要更专业的网络连接，也不需要令人赞赏的学位，更不需要夸夸其谈的演讲大师。当下的主题只是各司其职。

让我们尽情为无所不在的分享庆祝吧！但是对所有人来说，最幸运的莫过于投资银行家已不再不可或缺，从此以后，那些拥有令人难以置信的 PPT 技巧和自我推荐能力的人才可以回归华尔街，或是将他们的才华用于掠夺性贷款，或是等待大规模裁员的命运。但也不是没有坏消息。在我们当中，很多拥有创意的人反而不注重将创意落地，这就让那些更聪明的人一而再、再而三地赶在我们动手之前，将原本属于你的创意变成看得见、摸得着的果实。

在最初涉足全职投资业务那段时间，我的工作就是在旧金山布兰农大街的 Brickhouse 咖啡馆听创业者一个接一个地进行项目推介。一些在推介中演示实时代码的小团队曾给我留下了深刻印象。我喜欢那些已经建成站点或 APP 的项目创意，而不是空洞无物的前提或假设。

然而，在我看到的所有项目中，几乎无一例外地具有误导性。我遇到数百个甚至还不清楚自己将身处何种竞争环境的创业者，当然更别指望他们能用简单的语

㊀ 亚马逊公司旗下的云计算服务平台，为全球客户提供整套基础设施和云解决方案。——译者注

㊁ 面向开源及自有软件项目的托管平台，仅支持 Git 作为唯一的版本库格式进行托管。——译者注

言说清自己即将成功的理由。显而易见：他们根本就没有想明白接下来要做的事情。

整个2008年，这种虚无缥缈、令人沮丧的对话实在让我忍无可忍，于是我和妻子搬到了塔霍湖附近的一个小山城——特拉基。我们的策略也发生了变化：不再不分青红皂白地随便找一家咖啡馆和创业者讨论创意前景，而是主动出击，寻找拥有绝佳创意的创业者，并邀请他们到我们家中共度周末。这样，我们就可以与这些拥有挑战性创意的创业者进行深入交流。我们一起滑雪、徒步旅行、烹饪、演奏乐器或是踏雪出行，利用这样的机会，我们可以用大把时间对创业愿景、预测和有争议的观点进行讨论。我们甚至会在家里的热水浴缸里坐上几个小时，很快，我家的浴缸也荣幸地获得“果酱桶”的芳名。我们每次会花几天时间，分享各自的观点，互相提出质疑，对假设进行检验，从而达到形成共识、澄清异议、激发灵感和增强信心的目的。

我们很快就意识到，这种方法同样适用于其他场合。无论是在奥斯汀、旧金山、蒙大拿、纽约、巴黎、牛津、博尔德还是温哥华，预留时间进行有目的、有意义的集中讨论，不仅是最具成效的时间利用方式，也有助于彼此加深了解，形成真正的友谊，并最终达成更有效的创意。

那么，我们的“果酱”会议参与者是谁呢？他们是Twitter、Instagram、Twilio、优步、Lookout以及Stripe等企业的创始人——不用我解释，你或许也能猜得到。尽管它们已成为当下的传奇公司，但是了解这些“果酱”们最初的模样显然是必要的。比如说，在今天看来，优步的运营模式似乎已司空见惯，而在当时，要锁定行业基本问题并找到解决方案，强大的创造力、原创思维和激烈的辩论显然是不可或缺的。

这些伟大的创业家并不是突发奇想便能提出绝佳创意。他们也是从最初的概念雏形起步的，并在实施创业之前经过深入讨论。因此，和谁去讨论自己的想法至关重要。早期的合伙人、咨询师、朋友或是导师，都可能会让未来之路大有不同。如何应对自己的想法同样非常关键。如果只是闭门造车地冥思苦想，想法就会因为枯萎而失去生命。但是，如果将自己的想法和所有潜在顾客或使用者进行沟通探讨，结果有可能大为改观。如果积极倾听他人的反馈意见，并将有价值的意见纳入自己的计划，成功的概率自然就会更上一层楼。

最成功的创始人往往是倾听者、思考者和善于查缺补漏的人。他们勤于迭代，善于反省，而且严谨自律。虽然他们对自己的创意充满激情和自信，但同样享受自己的观点或结论被推翻时得到的那种快乐。因为他们不仅坚信失败乃成功之母，也深知好事多磨。

因此，每个创业者都需谨记：你的所有想法在最初都是天真幼稚的，所以，还是先把它们扔到狼群里磨炼一番吧，让你的同行去撕扯、磨砺这个不成熟的创意。多请教身边的创业者，恳请他们推翻你所谓的创意。带着导师毫不留情的批驳和指教，扎扎实实地坐回书桌旁，静静思考，重新揣摩——而且这是一个需要多次反复的过程。如果能做到这一点，你就会发现那些富豪级的创业者为什么会走运，毫无疑问，他们的成功绝非偶然。

我希望你很快也能成为他们当中的一员。

克里斯·萨卡（Chris Sacca）[1]

蒙大拿州

2017 年 3 月

[1] 硅谷超级天使，投资过 Uber、Twitter、Instagram 和 Kickstarter 等，在投资界享有盛名。——译者注

前 言

Startup Opportunities:
Know When To Quit Your Day Job

每个创业者都梦想着灵感迸发的那一神奇时刻——瞬间，攻克难关的解决方案或创新性产品清清楚楚地展现在面前。他们还经常会为这一神奇时刻杜撰出种种令人心潮澎湃的故事，有些成功企业的发迹史已成为传奇。但这个茅塞顿开的瞬间往往掩盖了从创意到真正创业期间所经历的种种艰辛和投入。在外人眼里，很多伟大的企业似乎是从某个地方突然冒出来的。但创业者更清楚这个过程的苦辣酸甜，即便是从最初想法到创业企业的最初萌生，其中的经历也会让他们终生难忘。

作为投资者，我们每天都会听到创业者在不断重复一个再简单不过的问题："你对我的想法有什么看法？"有的时候，他们的想法确实已经趋于成熟完整，但在更多情况下则是含混不清的。有些创意已成雏形，但更多的只是电子邮件中的几句话而已。一些创业者凭借相关的知识体系已对创意进行了深入研究，更多的创意还属于彻头彻尾的新生事物，创业者正停留在思考和求索的阶段。

形成一个想法很简单，但是要将这个想法转化为成功的企业，则是难上加难的事情。企业的创立阶段是一个复杂的过程，它涉及从形成想法到成功创业等形形色色的活动。过去几年里已出版很多有关创业过程的书籍，包括埃里克·莱斯（Eric Ries）的《精益创业》（*The Lean Startup*）、史蒂夫·布兰克（Steve Blank）的《创业者手册》（*The Startup Owner's Manual*）以及比尔·奥莱特（Bill Aulet）的《自律型创业》（*Disciplined Entrepreneurship*）等。

然而，我们还是会听到雄心勃勃的创业者们不断重复同样的问题："我的想法怎么样？"当然，这个问题有很多提法，比如说："我怎么知道自己的想法不错呢？"或是"在有一个想法时，我如何判断它是不是不错呢？"通常，这句话还会衍生出如下版本：“我有以下三个想法，哪个最好呢？”显然，很多创业者还没有准备好放下手头正在做的事情，而去专心处理新的想法。有些人有自己的全职工作，他们的目的只是想弄清楚创业到底是怎么回事。还有些人同时应对诸多想法，因此他们还需要挑选出最有前途的想法，或者干脆深陷于创意阶段而无法自拔——虽然他们会提出一大堆想法，也会积极寻找外部验证，但却不愿意将任何创意诉诸实践。

归根到底，他们无非是想解答这样一些问题：“这种产品是否有足够的市场需求，以至于人们会购买并使用它？”即使是《精益创业》之类的书籍已经回答了这些问题并给出了方法，但他们仍然不敢肯定自己的想法到底是好是坏。

这显然不是一个容易回答的问题，大多数成功企业是在经过漫长而曲折的论证之后才找到答案。创业者会撰写一份内容详尽、结构紧凑的商业计划，对未来业务的各个方面做出评估。这些文件可能需要耗费数百个小时的时间，其目的就是在未经任何检验的情况下为未来企业设计理论模型。

商业规划并不过时，商业规划同样也没有被抛弃；只不过已经被“商业模式画布”“商业模式生成”“精益创业”“精益商业模式课程”以及“自律型创业”等方法所取代。每一种方法都采用结构化的实验方法，并通过定量反馈环采纳潜在用户、顾客及合作伙伴的观点和意见，从而为创建企业奠定基础。

但这依旧没有回答我们的问题——“我的想法怎么样？”以及“我是否应该兑现这个想法呢？”如果我们花费一段时间进行创业机会的评估，或许就能找到更好的起点。但是在开始检验这个想法并依照它创办企业之前，还会有一些需要我们回答的基本问题。通过在著名创业孵化器 Techstars 以及“龙之穴”创业投资真人秀节目（Dragons’s Den）的工作以及作为早期投资者参与的项目，我们发现，自己始终在向创业者提出相同的问题。虽然很多对话非常简短，而且并未给出具体的答案，但我们却发现，即便只是提出这种再简单不过的问题，也往往有助于创业者完善自己的想法。

只是认为自己的想法不错，这还远远不够。你还需要取得其他人的认同，只有这样，他们才会以合作伙伴、员工、投资者、咨询顾问或是客户的身份与你合作。很多创业者不愿意和他人分享自己的想法，他们担心会遭到他人的剽窃。但是我们马上就会发现，创意是需要氧气的。除了争取支持者并获得反馈以外，将想法拿出来，与值得信赖的咨询师分享，可以帮助你不断修补和完善这些想法，并最终让它们变成创业企业所依赖的创意。

本书的目标不在于取代现有方法，而是想通过介绍背景和一系列工具与之形成互补，从而帮助读者在做出任何实质性投入之前，对创意进行合理有效的评估。 我们可以将此作为实施“精益创业”及“精益快速启动板”等方法之前的练习。 我们认为，这是读者在启动任意一种创业方法之前需要阅读的一本书，特别是对于初出茅庐的创业者。

这本书的读者并不局限于创业者或投资者，而是定位于更广泛的读者群体，即所有尚未放弃工作并置身于创业事业的读者。 我们真诚希望本书能为你的创业生涯助一臂之力。

引言 请相信我，你的想法一文不值

Startup Opportunities:
Know When To Quit Your Day Job

蒂姆·菲利斯(Tim Ferriss)[1]

能让地球为之震撼、让世界为之改变的想法并不足为奇。其实，这样的想法司空见惯，多如牛毛。

成百上千有志成为未来创业者的人曾联系过我，他们自称有惊天动地的好消息：他们已经有了下一个伟大发明的创意，但如果不签署某种形式的创意保密协议，他们还不敢将创意透露给我（或是任何其他人）。和这个星球上所有理性投资者一样，我当然会拒绝签署保密协议的要求，断然拒绝他们的所谓创意，我的反应通常会让他们感到震惊、不可思议和不知所措地沮丧。我为什么要回绝与他们交流呢？因为以这种方式行事的创业者，显然高估了自己的想法，从另一方面看，他们自然会低估执行的难度。头脑风暴毕竟只是一种没有风险、无拘无束的思维方法。而“执行”层面上的创业者并非如此，他们要面对风险，并承受现实的约束。一旦你注册了自己的创业公司，就相当于系上了安全带——因为这是一种高速前进的体验。

即便你自认为有了一个聪明盖世的想法，也尽可放心——肯定还有更聪明的人已经想到了这个创意，而且已经在着手实施，或是正在以不同方法来解决相同的问题。不妨看看 iPhone 上层出不穷、让用户目不暇接的旅游应用程序或是美食健身网站，其数量之多足以让你信服——再好的创意也不会只属于一个人。

高估自己的想法本身就是一个危险信号，尤其是在还没有进入任何实际操作的情况下更是如此。当然，这种态度也会让我错过一些的确称得上伟大的创意，但我认为这是再正常不过的事情；我绝不会投资于捕风捉影的想法。沃伦·巴菲特更不会。有些人确实借此发财，但是从总体上看，至少可以肯定的是，我会比那些人少些损失。我可以通过投资优秀人才来控制自己的劣势，虽然他们也会失败，但他们善于从错误中学习，而且还有其他可以投资的想法（也是我有可能作为早期支持者而参与的创意）。但是在投资纯创意时，我就没有这个优势了。

在创业领域，我们应该永远记住一句经常听到的格言："一个人可以剽窃你的想法，但他不能偷走你的行为和激情。"换句话说：世界上根本就不存在创意的市场。回想一下：你最近想过要出售一个想法吗？你准备去哪里卖呢？谁会买呢？对于没有市场的东西，当然也不存在价值。

几乎每个人都能而且肯定想出过一个好主意，但只有那些具备相应能力的创业者才能将想法付诸实践。在这种情况下，能力并不等于经验，而是意味着灵活和善于实践，我们必须认识到，错误往往是可以纠正的，但因为延迟决策而丧失的机会不会再来。想法是不可或缺的，但仅有想法远远不够，它们毕竟只是参与游戏的入场券。

不要像保护鸟巢里的小鸟那样去遮掩和保护你的创业想法。如果它确实是你唯一可行的想法，那么一旦遭遇谈判压力或是竞争对手和客户的质疑，你的创造力必将大打折扣，但创造力却是你赢得支持的必要条件。在这种情况下，最好的选择就是在还没有开始之前及时退出。

你的想法或许应该由和你一样聪明的其他人诉诸实践。

关注大多数人犹豫不决或止步不前的地方：将它们昭示于阳光之下。如果你的参与是出于兴趣，又能找到可以依赖的巨人，即使一路上荆棘密布，也注定不会缺少回报和快乐。这就是创业的乐趣所在。

大卫不是用纸笔打败歌利亚㊀的。动手参与吧，随时准备好面对艰难险阻。

注释

1. Brad Feld and David Cohen, *Do More Faster*: *Techstars Lessons to Accelerate Your Startup* (Hoboken, NJ: John Wiley & Sons, 2010), pp. 3–5.

㊀ 大卫打败歌利亚的故事，源于圣经。——译者注

目 录

Venture Deals:
Be Smarter than Your Lawyer
and Venture Capitalist

第一章 什么是创业企业

Startup Opportunities:
Know When To Quit Your
Day Job

在过去几年里，创业企业（startup）这个词已成为流行词汇的重要一员。尽管这个词存在已久，但是现在，当人们讨论创业和创建新企业的话题时，它几乎已变成一个不可或缺的关键词。但并非新设企业都属于创业企业。

如下两种企业行为之间存在着巨大差异：①本地企业，也被称中小企业或生活方式型企业；②高成长型企业，通常被称为创业企业，也被称为瞪羚企业[1]——大卫·伯奇（David Birch）在 1979 年第一次使用这个词，并在 1994 年将这个词的含义进一步明确为：至少拥有 100 万美元年收入且每四年至少增长一倍的快速增长型企业。

本地企业如同其名：它们分布在紧邻顾客的城镇居住区，包括杂货店、本地书店、非连锁型餐厅以及本地加油站等。这些本地企业偶尔也会进行扩张，成为遍布多地的网络，从而成为大型企业，但很多企业始终保持着本地企业的基本特征。

相比之下，高成长型企业很少强调单一地域。尽管它们往往也要从某一个地点起步，但是在形成之后，这些企业通常只有少数人参与，而且企业创始人的定位就是脱离地域限制、快速成长。它们的客户遍布世界各地，无论企业是否选择进行地域性扩张，但其业务基本不受地理位置的局限。

但是在美国，人们现在还不加区分地将创业企业统称为小企业。这是美国小企业管理局（通常被简称为 SBA）在历史上杜撰出来的概念。直到 2010 年，美国政府还没有对各种类型的创业进行区别。因此，小企业管理局确实能帮助一部分企业，但对很多其他企业来说可能一无是处，尤其是高成长型企业。各级政府（联邦、州和地方政府）都没有意识到，创业企业作为一个特殊企业形态可能带来的影响，因此，它们不分青红皂白地将所有小企业归于一类。

2010 年，奥巴马总统发起“创业美国”（Startup America）计划[2]，因此，“创业”一词迅速成为人们心目中的向往。借助于凯斯基金会和考夫曼基金会的支持，美国政府启动“创业美国伙伴关系”项目。这是一个为期三年的私人合作型计划，由美国在线的创始人史蒂夫·凯斯（Steve Case）主导，并由和史蒂夫没有亲属关系的斯科特·凯斯（Scott Case）具体领导，该计划旨在在全美范围内确定和支持并推广创业理念。

今天，创业企业已经和小企业彻底区分开来。至于创业企业的定义，我们还要回到顾客开发策略的鼻祖、精益创业运动的缔造者——史蒂夫·布兰克，因为在我们看来，他的总结显然对这个词汇做出了最完美的定义：创业企业是以探索可复制、可扩散商业模式为目的的一个临时性组织。[3]

首先，我们将史蒂夫的定义划分为几个部分，并对每个部分进行探讨：

- 临时性组织，即，创业企业并不永远是一家创业企业。要么因为失败而退出，要么成功找到客户愿意为之付费的解决方案。
- 持续探索：创业企业的终极使命就是探索、测试和验证未满足的需求。这个定义明确了创业企业生命周期的有限性。
- 可复制、可扩散的商业模式：所有创业企业的起点都是基于某种假设，其目标就是在迭代中成熟，直到假设得到验证。一旦商业模式得到验证，创业企业就拥有了自我生存能力，因而也不再是创业企业。

对此，史蒂夫以另一种幽默诙谐的方式称：“创业企业绝不是小型化的大公司。”[4] 相反，创业企业是一系列以寻找可升级业务为目的的实验。

如何使用这本书

本书的目标在于帮助读者尽早判断哪些想法值得进一步尝试。可以说，本书的每个部分都值得一读，不过，我们还是对全书内容进行了合理组织，以便于读者可以独立地阅读每一章。我们希望能为读者提供一种以正式、全面方式对创意做出评估的结构，并允许读者对可能出现的关键问题迅速做出判断。

我们并不试图提出开办新企业的新方法，也不试图取代像“精益创业”之类的创业模式。相反，我们退回一步，聚焦于创业过程的更早阶段。我们的意图是，读者应在阅读“精益创业”或参与“精益商业模式”课程之前阅读本书。我们将介绍推动企业腾飞的各种方法和资源的相关背景知识，但我们的主要目的，还是在于为尚未决定是否需要实施的读者提供帮助，也就是说，我们的焦点在于启动创业之前，或者是在机会评价阶段。

除了我们自己的观点之外，本书还将介绍创业者和投资者在最初期介入并投资的例子，很多案例是已进入快速增长阶段的公司。通过追溯创业起点，我们可以了解创业者和投资者如何抓住创意机会及其做出这个决策的依据。此外，我们还将介绍实务和学术界对机会评价过程中某些基本要素的专业分析。

从专业层面上说，我们主要以针对高成长创业企业为投资对象。布拉德的经历主要在于高科技企业，尤其是 Techstars 和 Foundry 集团。而肖恩的经验则在消费品，包括他的一系列投资以及“龙之穴”创业投资真人秀节目——加拿大版的“鲨鱼坦克”（又称“创智赢家”，Shark Tank）。为了让本书更适合有志于创立企业的每一位读者，我们在所有主题上均列出了案例。

本书适合于哪些读者

在创作这本书的时候，我们想到的主要是首次创业者。但很多有经验的创业者给我们反馈，他们认为，本书对他们思考未来创业机会同样有所启发。

随着越来越多的年轻人加入创业大军，我们也看到，高中生和大学生的创业活动呈现井喷式增长。而本书就是写给他们的，希望它能成为创业课程的教材。

这本书很适用于教育人员，尤其是讲授创业和机会识别及评估课程的教学者。如果你是一位教师，你的学生经常问：“我怎么知道自己的想法是否值得做更多的投入呢？”那么，本书或许有助于你回答这类问题。

此外，本书也写给那些为创业者给予支持、帮助他们应对挑战并克服困难与艰辛的朋友和家人。如果你本人就是创业者，那么，不妨和爱人、兄弟姐妹、父母以及孩子共同探讨这本书。[5]

当然，这本书更是献给“龙之穴”以及“创智赢家”两档创投真人秀节目的那些粉丝。如果你想知道裁判是如何选择资助对象的话，那么，这本书肯定会让你眼界大开。这本书更是投资者、特别是天使投资者及早期投资者的佳音，因为最希望了解新创意和新业务的人群就是他们。正如创业者可以利用本书为自己创造机会，投资者同样可以使用这些概念帮助他们评估机会。

归根到底，本书适用于怀揣创业梦想的人，尤其是那些深知只有最好的机会才值得全力以赴的人。想法或许没有价值，但你的时间、精力则是不可忽略的成本。真正的朋友只希望朋友不浪费任何成本，也不放过任何机会，并将有限的资源投入到拥有最大成本收益率的机会上。

注释

1. John Case, "The Gazelle Theory," Inc., May 15, 2001, http://www.inc.com/magazine/20010515/22613.html.
2. 白宫"创业美国"主页网址为：https://obamawhitehouse.archives.gov/economy/business/startupamerica.
3. Steve Blank, "What's a Startup? First Principles," Steve Blank's blog, January 25, 2010, http://steveblank.com/2010/01/25/whats-astartup-first-principles/.
4. Steve Blank, "A Startup Is Not a Smaller Version of a Large Company," Steve Blank's blog, January 25, 2010, https://steveblank.com/2010/01/14/a-startup-is-not-a-smallerversion-of-a-large-company/.
5. 不要忘记你的宠物，尤其是橡皮鸭。大声说出自己心中的想法，会让你受益无穷。有关这种做法的详细阐述，见 http://en.wikipedia.org/wiki/Rubber_duck_debuggin.

第二章 无处不在的创业企业

Startup Opportunities:
Know When To Quit Your Day Job

当下是让我们每个人的创业梦想成为现实的绝妙时代。 创业社区在世界各地如雨后春笋般层出不穷。 要创办一家新企业根本就不需要多少资金。 有关如何创设和扩大企业的知识，也比以往任何时候都更加普及。

20 年前，互联网开始商业化使用。 今天，整代人已成为“互联网土著”，人们生活在网络中，并依赖网络而生活，对他们来说，没有通过技术实现互联互通的时代是不可想象的。 技术的飞速变化及其普及性的持续提高，已从根本上影响了创设和打造企业的方式。 原本有利于维护进入壁垒的制度，尤其是在通信和分销等方面进行限制的业务，现在已开始有利于新创企业。

从硅谷到柏林，从纽约到艾奥瓦，无论你身在何处，都不能脱离这个现实。 共享经济等概念的出现、智能手机及其应用软件的爆炸式增长以及很多业务功能之间的相互关联，几乎让每个人都拥有了创业能力。

正在趋近于零的创业成本

在互联网泡沫期间（1996—2001），要开办一家软件公司需要数百万美元的启动资金来购置硬件设备。 那时，既没有谷歌帮助他们招揽用户，也没有 PayPal 实现无摩擦付款，更没有 AWS（亚马逊网络服务平台）远程托管你的应用程序，至于帮助你构建电子商务商店的 Shopify（一站式品牌电商搭建工具），还尚未出现。 正如阿拉斯加最早期的定居者一样，那个时候的创业者找不到任何可以依赖的基础设施。如果你想在 1996 年做珠宝生意，那么，你不仅需要拥有成本不菲的珠宝库存，还必须开设店面，建立支付交易系统，而且还要为吸引每一位客户而绞尽脑汁。 总而言之，你必须自己去创造所有条件，才有可能达到目的。

进入网络2.0时代（2007），开创在线企业的成本已降至不到50万美元。你需要的大部分基础设施都已存在，只不过形式不同而已。到2012年，云计算出现，对大部分供需链进行整合的软件也随之而来。现在，你的创业成本进一步降至不足5万美元，当下，这个数字甚至更低。在很多情况下，你的创业资本或许只是一台笔记本电脑，你不仅可以在星巴克获得免费Wi-Fi接入，还可以享受很多免费的在线服务。

创业成本的大幅下降源自于互联网基础设施的巨大进步，它将商业的方方面面连接到一起，并将数十亿人与互联网紧密联系为一体。前沿风险投资公司（Upfront Ventures）以图例方式对这个过程进行了总结，如图2-1所示。

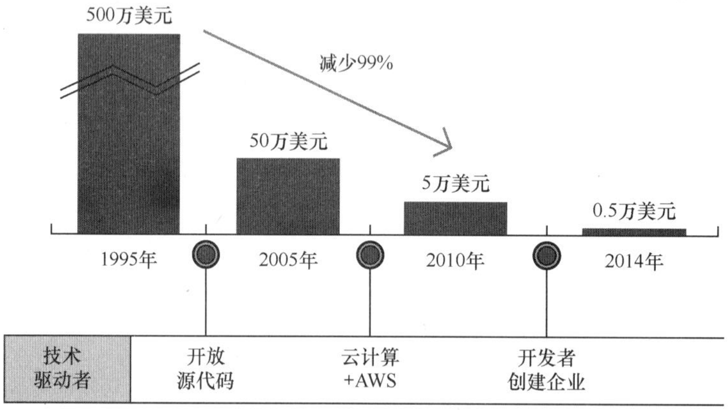

图2-1　高科技企业创业成本的下降

世界是平的

2005年，托马斯·弗里德曼（Thomas Friedman）出版了畅销全球的《世界是平的》(*The World Is Flat*)一书，他在书中指出，未来十年，创业者和企业家身处的世界如同一个水平的竞技场，科技的飞速进步让全世界更狭小，竞争也将更为激烈。

突然之间，技术的高速发展和信息的广泛传播，使得创业者成为地理不限者（也就是说，他们的生意不再局限于某个地域）。随着宽带网络及移动互联网在世界各地的普及，现实空间位置的重要性进一步被削弱。今天，我们几乎可以通过智能手机或浏览器解决所有商业需求，你可以在世界上的任何地方将商品卖给同样身处世界上任何一个地方的客户。通过网站或社交媒体，任何人都可以像大公司那样轻而易举地触及世界各地的每一位消费者。尽管市场规模空前扩大，但是以人口和社交媒体数据识别特定细分专业市场的能力，也从未像今天这么强大，或者说，这件事从未像今天这么易如反掌。

已知路径

当我们在20世纪80年代研究企业家和创业者时——也就是说，在创业还没有成为时髦话题之前的时代，我们的经典教材无疑是《富兰克林自传》(*The Autobiography of Benjamin FrankLin*)或是《艾柯卡自传》(*Iacocca: An Autobiography*)这样的大作，而我们的任务就是从他们的最佳实践中汲取精华。或许我们还算幸运，碰巧遇到了杰弗里·蒂蒙斯的（Jeffry Timmons）《创业学》（*New Venture Creation*）这样的划时代巨作。

时代已经改变。今天，我们拥有了数十年的研究、讨论、记载以及程式化的创业方法。我们不再依赖临时性、随机性或是基于老师—学徒式的方法，因为我们已经拥有了建立创业企业的科学模式。虽然体现为不同的风格，但最常见创业模型无疑是“精益创业”法（Lean Startup），这种方法由史蒂夫·布兰克通过客户发展（Customer Development）理论形成和推广，并最终由他的学生埃里克·莱斯通过《精益创业》一书推向巅峰。

这种方法的核心在于与顾客合作的思想，它认为，创始人应该与早期采纳者进行合作，共同塑造能反映顾客心声的产品或服务。实际上，这并不是什么新观点，其根源可以追溯到精益制造概念以及由麻省理工学院创新管理教授埃里克·冯·希佩尔（Eric von Hippel）在《创新民主化》（*Democratizing Innovation*）一书中提出的用户驱动型创新思想。

精益创业及类似方法为我们提供了一个从创意到创业的模式化路线图。它让创业方式从过度规划过渡为与用户反馈相互叠加的迭代式规划。此时，创业过程将不再在隐秘中进行，相反，它建议创始人将创业雏形拿到市场中接受检验，并通过多次反复得到完善，直至被市场所接受。

资本获取

虽然创业的启动成本已大幅削减，但对资本的需求同样出现了巨大增长。 拥有新创业想法但却没有资金的创业者，不得不对资本家毕恭毕敬，像乞丐一样恳求他们出资。 即便经过不厌其烦的推介、无休无止的解释和反反复复的预测过程，创业者也往往无法拿到梦寐以求的创业资金。

今天，准备创建新公司的创业者可以找到高净值个人投资者、天使投资者和专门投资新创意和新公司的风险投资基金。 还有可提供少量资金及大量创业指南的加速器计划，它们可以帮助创始人完善最初创意，并通过明确市场地位而争取到额外资金。 此外，AngelList 之类的在线众筹平台也为创业者提供了一个全新的资金来源。

尽管创业者还是要证明其创意的优点，但可供他们选择的融资方案已大为增加，而且融资过程通常也不会过度复杂。 此外，投资者与创业者之间的力量对比也发生了变化。 现在，创业者可以迅速进入市场，向资本方展示客户需求，而不是一定要拿着产品到市场上去融资，这就为创业提供了简单便捷的融资途径。

一个极端的示例就是产品众筹，即，你根本就不需要投资者为你的想法操心。相反，在解决方案尚未成型之前，你可以获得投资者的资助甚至是早期收入。 仅在 2015 年，全球领先的众筹平台 Kickstarter 即已承诺为尚未出现的产品提供 6.92 亿美元的资金额度（见图 2-2）。

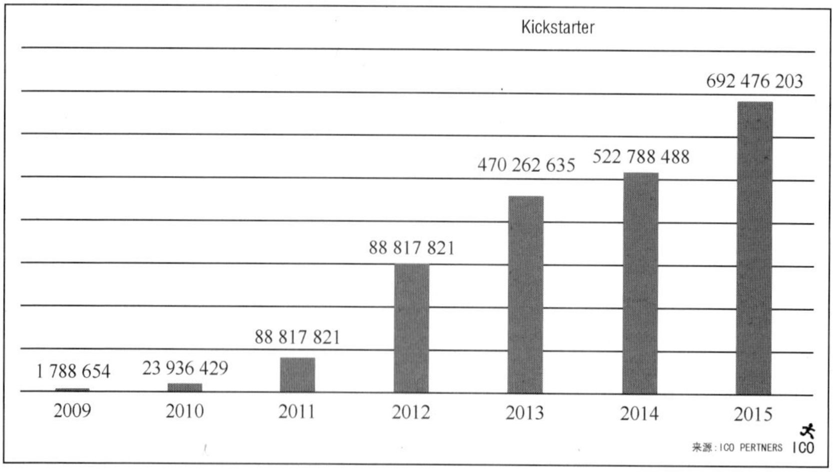

图 2-2 Kickstarter 每年承诺的资金总额

但融资的便利也带来了负面效应。 今天，创建公司的人远远超过历史上的任何时期。 进入壁垒的消失甚至会诱惑人们去追求糟糕透顶的所谓创意。 因此，在投资的最早阶段，花费一定时间去寻找一个好机会也比以往任何时候都显得重要——而这正是本书的目的。

第三章 机 会

Startup Opportunities:
Know When To Quit Your Day Job

在生活中的某个时刻，每个人都有可能迸发出创业灵感。你的头脑里或许突然会萌生一个让你不能自已的想法，让你牵肠挂肚、昼思夜想。你或许会坚信，这将是一个或将改变世界并让你名利双收的想法。它既有可能是帮助你解决当下问题的想法，也可能是因为好奇而让你过度迷恋、不能自拔的东西。

纵观历史，只要出现尚未解决的问题或是没有满足的需求，人们就会试图去寻找相应的解决方案。学术文献认为这些没有得到满足的需求是“次优解决方案”造成的结果，因而导致用户或顾客不能满意的现状。电报的发明是因为邮政服务只是快速通信的次优解决方案，并解决了远距离即时通信这一未满足的市场需求；飞机克服了将船只作为长途旅行载体的这一次优解决方案；Facebook 则归集并改进多种不同次优解决方案，为你和朋友及家人分享信息创造了条件。

机会的四个标准

所有机会都是从想法开始的。虽然想法是所有机会的核心，但是能成为机会的想法不仅是可操作的（即，不可执行的想法不是机会），而且还要具有以下特征：[1]

1. **想法具有可持续性：**它不是一时热潮，而是能维持足够长时间，以便于实现货币化。

2. **想法具有即时性：**它是市场随时准备购买的解决方案。

3. **想法必须有吸引力：**潜在收益和投资回报远超过创造产品所消耗的可预见成本及资源。

4. **想法能带来价值：**由它而来的产品或服务能给购买者或最终用户创造或增加价值。

过去几年，肖恩一直担任加拿大版“创智赢家”即“龙之穴”创业投资真人秀节目的评委，这让他得以聆听创业者为寻求投资而进行的推介。在本书中，我们将以“创智赢家”和“龙之穴”中的简单示例阐述问题。我们首先看看“创智赢家”节目中的DJ R Dub[2]，在他的创意中，上述四个特征无一体现。他参加“创智赢家”真人秀的目标，就是为他的“爱情歌曲献身秀”筹集资金，而结果显然不尽如人意。投资者拒绝为这位创业者提供资金，因为他的创意并不符合机会的四个标准：

- **持续性：**广播脱口秀节目的观众群体和市场都在萎缩。
- **即时性：**无线广播的黄金时代早已过去了，在iTunes、在线流媒体服务和其他音乐应用程序的挤压之下，无线广播已经彻底丧失了生存空间。
- **吸引力：**针对内容投放广告必须以大量受众为对象，而这些受众早已脱离了无线广播。
- **价值：**创业者强调的是年轻听众，但这个群体获取音乐的渠道显然不是收音机。

什么是机会评价

虽然机会在事后看来往往显而易见，但是在它所依赖的想法第一次出现时，我们却很难评价这个想法能否成为机会。当创业者的脑海里第一次闪现出这个想法的那一刻，很少会有人认为，这将是一个重大机遇。或是因为这个市场还尚未出现，或是不存在相应的技术支持，或是与现有解决方案相比，这个想法似乎过于激进。

考虑到时间、资源、带宽和资金的稀缺性，因此，无论我们在创业生境中扮演何种角色，都必须对真机会和伪机会进行区分。

- 创业者应选择哪个机会值得进一步探索。
- 员工需要确定进入哪家公司。
- 投资者应选择为哪些机会提供资金。
- 顾客要决定购买哪些产品。

- 政府和非政府组织必须决定哪些机会值得投入有限的公共资源。

总之，机会评价就是对机会所具有的潜能进行系统、客观的评价。[3] 我们将评估结果的计量单位称为回报量（quantum of return）。

回报量可以是我们通过创业机会赚到的货币金额。投资者将这种回报量称投资回报率，简称为 ROI。比如，一年期政府债券的投资回报率为 3%。如果在年初购买1 000 美元的债券，我们将在年底得到1 030 美元，其中包括投资回报30 美元，因此，我们的投资回报率为 3%。尽管这样的回报还不够振奋人心，但它却是一种典型的低风险投资。另一种回报量体现为我们花费在机会上的时间量，也就是通常的时间机会成本，或者说投资时间回报率（ROIT）。[4] 人类的平均寿命只有 25 000 天左右。因此，我们如何花费每天的时间，或者说如何投资你的时间，也是我们在追逐特定机会的成本时需要考虑的因素。

投资时间回报率的概念不仅适用于创业者，也适用于创业企业的每一名员工。随着创业企业发展，你需要说服更多的人加入创业团队，而不是加入追求另一个创业机会的另一家公司。如果要让 38 位员工愿意和你长期奋斗，那么，就必须让他们相信，你的公司将为他们带来的投资回报要超过另一家公司。如果你的软件开发工程师在谷歌可以拿到 9 万美元的年薪，那么，要吸引他进入创业企业，就必须让他相信，他在这里度过的时间将为他带来更多的财富。此外，他在决定是否加入你的创业企业时，还要考虑到概率。如果为谷歌工作，每年拿到 9 万美元年薪几乎是完全有保证的。但是要吸引他为你的创业公司工作，考虑创业失败的风险，就必须为其提供更高的收入。

尽管很难确定成功的可能性到底有多大，但是，我们对可量化的预期 ROI 或 ROIT 的反应，会在很大程度上影响我们对机会的评估结果。因为它们毕竟是最重要的量化标准，可以让我们对进度和结果进行总结和衡量。一个注定失败的十亿美元创意显然不及一个即将成功的百万美元创意那么有价值。

机会评价不力的成本是多少

根据《全球创业观察 2013 年报告》，[5] 全球约有 4.65 亿名 18 岁至 64 岁的人积极参与早期创业活动。不妨设想，在他们当中，有多少人在追逐根本就没有机会成功的机会，进而损失有限的时间、精力和金钱呢？

每天，我们身边都会闪过不计其数的机会。有些机会的确是好机会，但有些几乎没有成功的可能，很多人确实错过了很多好机会。多年以来，我们不止一次地听到有人在说："XYZ 是一个伟大的事业，其实在它出现之前，我很早就已经有了这样的想法。"随后的感慨可想而知——如果我把握了这个机会，创建一家像 XYZ 这样的公司，我肯定会多么多么的富有。

但机会的价值往往只是事后才能显示出来。虽然创业者有可能想出创意，但如果没有采取任何行动，那么，"我早就知道 XYZ 的想法"之类的说法当然是毫无意义的。没有付诸实践的想法自然没有任何价值。比如说，马克 · 扎克伯格肯定不是第一个探索或是创建社交网络产品和企业的人。然而，一旦某个想法取得成功，很多人都会自诩曾想到过这个创意，当然，创建这样的公司也自然曾经是他们的梦想。在电影《社交网络》中，面对文克莱沃斯兄弟认为扎克伯格剽窃其创意的起诉，马克 · 扎克伯格在法庭辩论中有一句精彩的台词，他对他们说："如果你们是 Facebook 的发明者，那你们就应该创建 Facebook。"这句话一语中的。

与浪费在糟糕创意上的资源相比，创业的成本或许不算大。如果创业者将全部时间、精力、社交资本、带宽和资金都投入到一个创意，而这个创意又有可能是一次失败的机会，那么，除了损失掉的这些时间、精力、社交资本、带宽和资金之外，创业者还要承担巨大的机会成本。

机会成本是指"由于采取一种选择而必须放弃另一种选择，由此而失去另一种选择所能带来的收益"。[6] 例如，如果一位公司高管决定回到学校攻读 MBA 学位，除了只需承担的直接费用（学费、书本和交通费）之外，他还要付出机会成本（即，因为读书而失去的薪酬以及职位晋升的机会）。要了解他攻读 MBA 带来的真实成本，就应该同时考虑直接成本和机会成本。

不力的机会评价不仅会带来直接成本，其机会成本可能更可观。当创业者推进每个糟糕创意的时候，就意味着由此占用的资源和直接成本将不能被用于他处。2013 年，风险投资者（VC）对 3 995 个项目投资了 299 亿美元，投资总额同比增长 7%，接受投资的项目同比增长 4%。通常认为，在向 VC 争取资金的项目中，只有 1%有可能得到资金。如果有 3 995 家公司得到 VC 的资助，那么，就会有数十万家公司被 VC 拒之门外。是什么让他们与风险投资家难以结合呢？其中的一个重要原因，就是创业者没有良好的机会评价。

糟糕的机会评价不止限于由 VC 投资的创业公司。在每年创建的所有新公司中，约 1/3 会在两年内死亡，只有不到一半能存活过五年。[7] 尽管糟糕的机会评价并不是失败的唯一诱因，但肯定起了重大作用。

创业者的观点：SendGrid

艾萨克·萨尔达纳（Isaac Saldana），联合创始人之一

在如何利用时间这个问题上，随着年龄的增长，我逐渐体会到其中最重要的东西。我发现，在特定情况下，四个方面的因素会让我的决定变得更容易。这四个因素分别是资源、关系、知识和幸福。

资源可以是你在电子游戏中挖到的金矿，在工作中获得的更多休闲时间，在健身中呼吸到的更多氧气，或是在公司中持有的股份。关系是指一种商业网络，它体现为与同事之间形成的化学反应和生产力融合，或是与妻子及孩子之间更深厚的爱。知识拥有强大的力量，因为它始终与你的生命同在，生命不息，知识不死，更重要的是，它还可以传授给我们关心和爱护的人。最后一个要素是幸福，正如罗科·贝利克（Roko Belic）在纪录片《幸福》（*Happy*）中所展现的那样：当我们拥有健康的身体，体验新鲜事物，与朋友和家人团聚一天，全身心地沉浸到某些类型的游戏或比赛，或是我们感恩于所得到的所有恩赐，体验到自身的价值，此时，我们就会感受到幸福。如果我们能在四个要素之间建立起自然的平衡，我就可以更轻松地做出每一个决定。

最初，我还没有意识到 SendGrid 将成为一个非常成功的商机。SendGrid 是一种针对电子邮件的基础服务平台，它可以帮助企业传递交易电子邮件。在创建 SendGrid 之前，我得到的数据非常有限，而且对市场规模也缺乏清晰的洞察，更不了解需求动向。以电子邮件进行营销的企业已比比皆是，但它们并不面对开发人员，而这部分人群恰恰构成了 SendGrid 的主要受众。

当时，我还有很多有趣而且似乎值得尝试的创意。遗憾的是，我当时就职的公司恰好遇到电子邮件交付问题，这件事彻底拖住了我的时间和精力，因为我不是这方面的专业人士。然而，随着我在这个问题上投入更多的时间，我越发感受到解决这个问题带来的兴趣。体验新问题带来的挑战，学习新的协议和

技术，并不断尝试用新方法去解决问题，这给我带来不断前进的动力，也让我越来越快乐，也学到越来越多的东西。最终，我意识到，既然问题已不可回避，而且我又不得不解决掉挡在面前的这些问题，这就说明，电子邮件领域还是有创新潜力可挖的。在某种意义上说，我是在自讨苦吃。

但是，在电子邮件基础设施解决方案能否成为一项真正业务这个问题上，我还需要验证。在建立初步解决方案之后，我找到几家通过虚拟主机架设的网络论坛的公司，询问他们是否遇到过电子邮件传输问题，以及对邮件传输解决方案是否感兴趣。令我惊讶的是，一家虚拟主机公司的答复是，它们非常有兴趣将我的解决方案推送给全部用户。然后，我又找到两位据称是业内顶级的软件工程师，向他们介绍了创建电子邮件基础设施平台的想法，他们欣然加入。于是，在将机会转换为实践的探索中，我不再是孤军奋战，我现在有了一个团队。

几个月之后，我们向一个名为 Techstars 的创业加速机构申请并得到批准。不过，让 Techstars 批准似乎比考入哈佛还要难——得到来自成熟创业者、公司、创业导师以及投资者的验证。在通过了 Techstars 后不久，我们便从 Highway 12 Ventures 筹集了近 100 万美元。后来，我们又得到收购报价，但我们还是最终选择独立发展业务，并从 Foundry 集团和 Bessemer 风险投资公司再次筹集到超过 2 000 万美元的创业资金。今天，我们已经拥有超过 400 名员工，和每月数百万美元的经常性收入。

我相信，电子邮件领域还有很多事情可以做，因此，SendGrid 面对的是很好的机会。当然，最重要的，就是认识到哪些事情对你最有意义，如何让自己保持激情，以及如何发挥自身优势并做到与众不同。创业的机会无处不在，无时不在，你会选哪一个呢？

投资人的观点：SendGrid

马克·索伦（Mark Solon），来自 Techstars

2009 年，在博尔德 Techstars 创业孵化器的第二周课程中，我第一次遇到 SendGrid 的创始人艾萨克、蒂姆和何塞。当天，我与参与孵化器的 10 个团队分别进行了 30 分钟的交流共处，最终，SendGrid 及其三位创始人给我留下了非常良好的印象。通过这次简短的会面，我明显可以感觉到，艾萨克痴迷于解决大批量交易电子邮件的传递问题，可以理解，以前在公司中遇到的这个问题的确给他带来了很多烦恼。经历了第一次会晤之后，我有一种强烈的感觉，艾萨克的使命似乎就是解决这个问题，没有什么东西可以阻挡他。四年之后，这次会面的感受依旧让我难以忘怀——艾萨克和他的团队以清晰、简洁的语言，阐述了他们对目标市场的想法以及他们正在经历的难点。

一个月之后，当我回到Techstars，与艾萨克的团队成员再次见面，我很深刻地意识到，他们的工作已取得了长足进步。SendGrid开始以非常低的价格与客户签署合同，从而取得定期收入，由于收费水平非常低，因而也不必艰苦地去争取业务。借助于低价格（每月不到100美元），客户可以通过信用卡直接向SendGrid付费。与此同时，公司还积极为客户使用其服务清理障碍，他们深知，一旦建立起一个高度忠实的客户群，我们就有机会提供更多收费性的功能及服务。

我还注意到另外一个现象：Techstars团队的其他成员似乎都被艾萨克的魅力所倾倒。很多人会向他寻求技术指导，谈起自己的团队和解决方案，每个人的心中都充满了自信和自豪。此外，其他大部分团队也已经成为SendGrid的客户。这绝对是世界上最伟大的验证！

在距离孵化器结束还有一个月时间的时候，我开始定期与艾萨克进行交流。在每次谈话中，我都能深切地感受到，他是一个非常特别的创业者。我开始意识到，尽管他言语缓慢轻柔，但在他的内心深处，却有一颗无比坚定的创业决心。在Techstars的演示日，我再次亲临现场，并携带了一份为SendGrid提供种子融资的考核表。

SendGrid在三个重要项目（团队、市场和创意）上都促使我做出进行种子投资的决定。在种子投资这个阶段上，他们的团队让所有人相形见绌。在我看来，艾萨克、蒂姆和何塞不仅是认真严谨、值得信赖的创业者，更拥有非常强大的技术优势。接下来，他们将面对一个空间无限、不断成长的市场并经历创业难点。最后，他们的解决方案是行之有效的，而且在成本上是可行的。

我很庆幸在SendGrid成立之日起就是它的一分子。今天，SendGrid已拥有

10 万多家客户，每天传送超过 10 亿封电子邮件，并被认为是世界上最重要的云技术基础平台之一。对于像 SendGrid 这样的投资机会并不是每天都有的，因为它们在种子阶段还很难识别并作出判断。尽管 SendGrid 在早期就已经显示出很多成功的迹象，表明它极有可能成为一家举足轻重的大公司，但只有凭借艾萨克、蒂姆和何塞的执着、勤奋和不失时机的行动，才让机会成为今天的现实。

行动重于机会

蒂姆 · 菲利斯曾说过：“请相信我，你的想法一文不值。”他的意思就是说，行动远远重于想法。玫琳凯化妆品公司的创始人玫琳凯 · 艾施（Mary Kay Ash）曾说过一句经典格言：“想法多得几乎分文不值，但是把想法诉诸实践的人却是无价之宝。”如果没有行动，你的想法只能是想法。尽管机会评价有助于为我们提供更良好的起始条件，但归根到底，你还是要采取行动。

执行至上

斯蒂芬 A. 戈迪昂（Steven A. Gedeon）教授，博士，MBA，专业工程师

创业是展现人类发明创造力的火花，也是我们发挥主动性和塑造世界的基础。它的核心就在于相信自己，相信我们推动积极变革的力量，相信激励他人与我们共同探索伟大事业的能力。它的唯一源泉就在于我们的心灵和思想，它的全部内涵就在于创造出以前不曾存在过的全新产品和服务。创业是世界上最强大、最具创造性、也是最不受约束的力量。

创业精神不只是一种商业原则，它也是所有学科、专业和人认识事物、思考事物并诉诸行为的核心方式。创业者并不是只看表面，而是透过现象，去揭示事物的本质及各种可能性，从而将他们的愿景化为现实。虽然创业者也是发明家、规划师、思想家、梦想家或是机会的发现者，但这些属性并不重要，最重要的是，他们还是实践者。

创业带来的价值体现在取得可交换、出售或使用的有形产品之前。也就是

说，即便是“知识产权”之类的抽象产品，也必须采取某种具体形式，譬如书面文件（专利）、艺术创作（著作权）或是企业标志（商标）等。

执行才是一切。一个想法或商业计划本身没有任何价值。投资者会说，他们已经投资于拥有B级计划的A级团队，而放弃了拥有A级计划的B级团队。为什么要这么说呢？因为商业计划往往是错误的。不管分析和规划多么精彩纷呈、令人赞叹，但是在实践中总会出错。实现销售的时间会超过预期，研发带来的最终产品与最初设想大相径庭，创始人可能会一走了之，或是意想不到的对手杀入市场。而且这些“意外”往往会同时出现。新创企业的稳定性并不高于摩托车。当摩托车静止或缓慢行驶时，你会觉得它沉重无比，很难保持直立，而且不容易转弯掉头。但是高速行驶的状态下，快速旋转的车轮就会让摩托车像陀螺一样保持直立。你在推摩托车时会觉得某些障碍物不可逾越，但是在快速行驶时，这些障碍似乎荡然无存，只会让你觉得是前进路上的一次轻微颠簸。

你的速度越快，公司就会越发稳定，成功的机会也就越大。完美主义者往往是最糟糕的创业者。不要浪费时间去编制一份完美的商业计划，因为它本身就有可能是错误的。马上行动，不要拖延与客户的交谈、签署订单或是推广产品，切莫坐等完美时刻的光临，现在就行动吧！

作为创业者，主动、激情和执行是你唯一能直接控制的事情。因此，如下具体原则是创业者在执行时务必牢记的：

永远做传道人：走出去，和所有对你和你的业务感兴趣的人进行交流，包括潜在客户、供应商、员工、投资者、朋友和同伴。不要试图为你的想法保密。虽然不能过多泄露你的秘诀，但如果你的想法或是执行力确实太弱，自然有人会偷走它，既然如此，还不如把秘诀送给他们，再去寻找自己更擅长的事情。

永远做怀疑者：不要只说话。你有两只耳朵和一张嘴。一定要按数量比例去使用它们，因此，我们必须学会多听少说！提出最尖锐的问题，不要让别人只说他们认为你希望听到的东西，不要只听别人说好话。要学会深入讨论，不断提问，直到发现别人不喜欢或是不理解的东西为止。虽然你一定要让别人认识你的公司是多么的伟大，但也不要让别人的恭维蒙蔽自己，一定要找出你的企业为什么还不够真正伟大的原因。

永远做一名考官：学会设定目标并对目标进行衡量和跟踪。企业需要跟踪更多的指标，这远非是个人在没有严格项目管理思维下可以实现的。因此，我们需要找到一种对重要指标进行跟踪的方法，并引导团队集中精力去实现这些目标。我们还需要将长期目标转化为日常行动。通常，人们将这些总体目标分解为关键成功要素、里程碑、目标与关键成果（OKR）[8] 或具体目标。我们必须保证团队中的每个人都能做到协调一致，为实现共同目标而努力。

绩效与薪酬相结合：以关键指标考核组织中的每个人，不能仅以出勤率或是没有效率的忙碌作为奖惩标准。

组织结构与战略相结合：厘清组织的关键战略活动，并保证将这些活动落实到具体人头，以确保这些活动得到切实执行。不要在组织结构中为每个创始人提供一个副总裁的虚头衔，却不要求他们负责任何关键事务。千万不要因为缺乏想象力或是为满足合作创始人及早期员工的虚荣心，而设置技术副总裁或营销副总裁这种乏善可陈的职位。一定要保证公司高管清楚他们需要对业务的哪些方面负责。

敢于怀疑你的假设并不断调整自己：大多数成功企业需要在创建初期进行大量的自我修正。由于最初商业计划与事实相符的概率非常低，因此，我们必须从一开始就假设：我们的产品、团队和市场都要经历重大调整。当你走出公司大门并向市场展示产品和服务时，你就应该保持学习的态度，不断调整和完善自己。

始终做模范典型：作为一个创业者，你必须和你创建的企业同呼吸共命运。你需要将自己的价值观、激情和工作伦理灌输到自己的企业中，并通过你的习惯和品格去塑造企业文化。如果你习惯于迟到，你的员工也会效仿你；如果你言而无信，你的企业就不会掷地有声。在企业诞生的早期阶段，你就是公司品格的人性化身和代言人。因此，要让你的企业成为一家伟大的企业，首先需要你为团队树立榜样。

风险、不确定性和模糊性

在创建新公司时，创业者要面临诸多挑战。我们通常将这些挑战混杂到一起，并统称为风险，但如此定义的风险显然过于简化，而且往往会导致我们以狭隘的视角看待当前形势。我们喜欢将风险概念分为三个不同类型：风险、不确定性和模糊性。风险是指作为或者不作为可能带来的损失，它体现为不利且通常可量化的未来状态；不确定性对应于一种不可知的状态，这种状态是不可预测或不可量化的；模糊性则对应于尚无法确定的知识。我们将广义风险划分为如此三种狭义情况的依据在于，风险可以通过行动得到缓解，不确定性会随着时间的推移而自然得到证实，而模糊性则可根据更多的调查研究得以澄清。

尽管风险可以表现为多种形式，但把握重点有助于我们澄清风险到底是什么，以及如何缓解风险。诺贝尔经济学奖获得者赫伯特·西蒙（Herbert Simon）曾提出有限理性这一概念，用以描述人类解决问题的现实能力。由于人类解决问题的能力受到有限理性和有限时间的约束，所以，我们不能期望以最优方式解决所有问题。找到最优解决方案往往需要我们耗费更多的时间和资源，因而导致答案并非最优。比如说，我们不应该驱车到 100 英里之外去购买每加仑可节省 1 分钱的汽油；也不能逛遍十家超市，为你需要采购的每一件杂货寻找最低价格。归根到底，我们需要进行权衡，借助于某种标准或经验法则，帮助我们缩小应该继续探索的创意数量。

“创智赢家”栏目的两位参加者科尔·埃格(Cole Egger)和詹姆斯·麦克唐纳（Tames McDonald）通过与全国零售商 7－Eleven 合作，大大减少了 Sweet Ballz[9] 甜品的市场风险，并在上市后 90 天时间里创造了 70 万美元的销售额。通过这种方式，他们获得了第一手市场数据，并借助针对终端顾客的销售对产品进行了验证。内森·琼斯(Nathan Jones)和埃里克·詹森(Erick Jansen)则通过众筹网站 Kickstarter 降低了产品的市场风险——他们推出的创意产品 Freeloader[10] 是一款由一体化框架和折叠座椅构成的超小型儿童运动装置，可容纳的体重为 80 磅。甚至在产品尚未生产之前，这两位消防员就在 Kickstarter 上拿到了 4 万美元的收入。

另一种风险是管理风险，其核心可以归结为一个问题——“这是最优秀的团队吗？”如果你是独立创始人，那么，你就是一个团队！虽然偶尔也有单一创业者取得成功的案例，但比例非常低。与 Techstars 合作的经验表明，最理想的团队规模应该是拥有两到四个创始人，其中，至少有一半创始人以产品为主。如果你是单一创业者，降低这种风险的办法就是寻找一个合作创始人。

与风险相反的是，不确定性更难以解决。不确定性是由于缺乏具体数据或理论支撑造成的，只能通过时间的推移而得到解决。机会评价阶段不仅不应忽视不确定性，反而要凸显它的价值。清晰界定不确定性的内涵并努力缩短解决不确定性所需要的时间，有助于我们澄清事实、明确形势。如果不确定性是无限的，而且永远持续，那么，它就变成了真正的问题。假如说不确定性可以在采取行动的六个月之后得以解决，那么，这种不确定性就是可管理的。

最后，模糊性则是企业整个生命周期中持续得到解决的。在机会评价阶段，强调模糊性尤为重要，因为厘清模糊、有争议的问题和事务，有助于我们更清晰地认识和评价机会。

认知偏差问题

机会评价是一个高度主观性的过程。无论你是创业者还是投资者，都难免会让自己的历史、经验、知识乃至观点渗透到机会评价过程中，我们称之为认知偏差。认知偏差既有可能是有益的，但也可能是危险的，因为它往往会影响到评估的公正性，并有可能带来无法克服的盲点。针对机会评价，揭示并理解自己的认知偏差非常重要。

害死人的偏见：让创业者和投资者难以自拔的心理陷阱

戴夫·瓦莱尔（Dave Valliere）教授，MBA，博士，专业工程师

每一天，在世界的每个角落，都会有人在评估创业机会，并做重大投资决策。哪些创业公司会取得投资呢？哪些创始人会得到支持呢？这些都是具有巨大社会和经济影响的问题。但环顾四周，你会看到，一些害死人的认知偏见无处不在，任何人都无法规避，当然也包括你自己。假如你能提前认识到这些害死人的偏见，就有可能逃过杀人不眨眼的认知误区。

形形色色的人都想知道如何发现伟大的商业创意。有些是试图确定某个机会是否值得继续投入的创业者；有些是试图找到一个能带来可观回报、弥补其

他投资失败的投资者；还有些人则有可能成为创业企业的员工、供应商、商业伙伴或媒介。每个机会评价过程都有不同的视角和不同的目标，但所有这些行为都无法规避人类思维的固有缺陷——以共同的心理偏见去评估某个创意和潜在的猎物。如果不能深刻认识并采取措施规避这些认知陷阱，任何人都会深陷于其中。以下是四个最常见的心理偏见，它们往往会让创业者和投资者做出错误的决定，让创业企业自取灭亡，让投资化为飞灰。

如果我们已经对某个事物形成强烈的意见或看法，特别是在得出结论之前，我们在收集和分析信息上进行了大量的准备，在这种情况下，就有可能出现证实性偏见。证实性偏见有可能带来两种风险。首先，我们会倾向于对支持这种意见的信息显示出更强烈的好感和接受性。人们都愿意关注支持其个人观点的报纸杂志。当投资者在受到证实性偏见影响时，会不加判断地接受所有符合其观点的现象，在他们看来，这就是对其观点的验证。

证实性偏见的第二个危险，就是让我们对不符合自己观点的信息视而不见。受证实性偏见影响的人，往往会拒绝接受所有与既定观点相抵触的信息。此外，当对立信息摆在他们面前时，他们会寻找种种借口让自己的观点合理化，或是彻底否认对立信息，此时，他们的常用逻辑就是："是的，但……"然后，他们会找到一些微不足道的差异，将所有对立证据解释为不相关的特殊情况，因而可以是忽略不计的。这样，他们就无须改变自己的意见，也就是说，他们永远不想承认自己是错误的。有的时候，我们可能会认为，所有正面或负面证据都是偶然集中到一起的。但这显然是一种错觉——支持证据或反对证据出现的频率和幅度是不变的，变化的唯有我们的认识和看法。

因此，创业者和投资者都需要随时保持思维的灵活性和开放性，也就是说，随时接受自己的观点和假设被证伪的结果。在评价创业机会时，我们必须始终保持谦虚的态度，接受市场永远正确这一事实；坦然面对我们的假设有可能被证明为错误的现实。

然而，创业者不仅要善于接受相反证据，还要善于采取诸多措施来消除证实性偏见。在证实性偏见方面，投资者也要面对同样挑战，而且他们更不愿意接受外部意见，尤其是已对市场形势形成既定观点时，投资者往往会更固执。

因此，创业者和投资者都需采取有效措施，消除证实性偏见的影响，譬如，多向专业人士征求相反的信息或意见。要检验你是否拥有好的经营理念，真正的证据不在于你能否找到正面信息，而是在于你能不能找到反面信息。要规避证实性偏见，就需要我们积极寻找证伪性信息，而不是刻意挑选证实性信息。

另一个害死人的心理偏见是过度自信，即，我们对自身能力的评价远远超过客观事实所支持的水平。虽然创业者需要自信和信心，但如果不能认识到自身能力的局限性则会带来问题。过分自信是一种非常难以自我识别的偏见，因为过度相信自身能力的人，往往也会过度相信他们的自我意识和修正能力。过度自信是一个涵盖多种心理偏见的整体性概念，具体还可以包括规划谬误（人们在估计完成未来任务的时间时，往往会因为过度乐观而低估所需要的时间）或90/90规则（即，项目的前90%部分占用预算的90%，但最后10%实际上却要占用预算的90%）以及个人归因错误（即，如果事情进展顺利，说明我们聪明而有能力，但如果出现问题，则是因为别人不够聪明或能力不足）。这都是非理性、高估自身能力的具体例子。

对创业者和投资人的心理测试反复表明，他们的过度自信已达到令人发指的地步，这显然是值得担心的原因。这些人信心十足，毫不怀疑自己的行为方式，当然，他们确实有可能在能力和技术上高人一筹。实际上，有人或许会说，信心原本就是创业者和投资人不可或缺的特质。但是，虽然他们的能力有可能超过普通人50%，但是他们的思想和行动则是以超过普通人500%的能力为基础的。对创业者来说，这意味着，他们往往认为自己会做得更好，而且在风险投资中会有更大的机会取得成功。投资人也一样，他们会过分相信自己挑选赢家并取得投资收益的能力。

现实是最好的答案——大多数风险投资基金在投资中取得成功的比例只有1/10。但大多数VC似乎并不接受这个事实，因为过度自信已让他们难辨真伪。

要规避过度自信这个心理误区，我们必须把决策建立在客观数据的基础上，强调过去所取得的实际成果，而不是对未来应该达到何种水平的主观臆断。

第三种心理偏见是可得性偏见。在这种偏见的影响下，人们会将容易想象到的情况视为通常情况（抑或相反——认为从来没有经历过的黑天鹅[11]事件是不存在的）。虽然这样的推理更容易被接受，但它显然是错误的，而如果以这种逻辑进行归纳可能非常危险。按照正确的观点，我们应该会看到，不管我们自己的经验有多么深刻和生动，但毕竟只是一个样本的数据集，因而不足以形成整个业务战略的基础。统计学告诉我们，任何少于40个样本的统计结果都不符合统计显著性的基本假设。因此，我们应该提防这种偏见，并随时提醒自己：闲言轶事绝不是数据。

受这种偏见所困扰的创业者通常会表现出“市场即是我”的行为——他们坚信，如果自己喜欢这款新产品，那么，就会有其他成千上万的人也会喜欢这款产品。这显然是一个怪异的结论——尤其是我们在提倡创业者应该是不落俗套的人、拥有不同常人的认知方式而且敢于采取不同寻常的行为时，这种偏见会进一步加重。因此，创业者往往不适宜被当作市场的标杆。[12]

同样的问题也会出现在投资人身上。我们经常会听到投资人这样说：“我听说，BigVCFund在云计算投资项目上以10倍收益退出，所以说，只要遇到云计算项目，我肯定会毫不犹豫地投资。”

要避免出现可得性偏差，我们就需要不断提醒自己：我们的体验可能是独一无二的，因此，我们没有理由认为自己的独有体验适用于所有人。

最后一种需要警惕的心理偏见就是所谓的前景理论（prospect theory），它解释了三个相互关联的认知偏差。首先，人们对小概率事件给予过多的情感权重，即，只要有1%的机会就比没有机会好得多，而99%的概率事件则远不及100%的确定性事件。这种思维方式的作用在所有彩票站前展现得淋漓尽致。其次，对于取得收益的概率，人们的思维方式完全不同于对待避免损失的概率。比如说，如果有一个至少赢得250美元的机会，同时需要人们承担损失，那么，不管实际概率如何，人们愿意接受的损失最多只有100美元，也就是说，风险规避倾向导致损失带来的感受要强于收益带来的影响。第三，人们对盈利和损失的判断不依赖于绝对数字，而是取决于他们的预期或者他们告诉别人自己将会达到怎样的水平，也就是通常所说的锚定点。这些偏差结合到起来，就形成一种导致在两个层面上出现认知失调的非理性选择。一方面，如果我们赢了（或是即使损失，但还没有达到我们预期的失败那么糟糕），那么，我们就会倾向于过度保守，拒绝参与明智或是有吸引力的赌博。也就是说，我们试图锁定已有的胜利，出现一鸟在手胜过二鸟在林的思维。另一方面，如果失败（或者即使我们成功，但却没有达到我们预期或是对外宣称的成功水平），我们就会倾向于成为毫无顾忌的冒险者，孤注一掷地参与非理性赌博，认为我们还有机会得到自己应该得到的成功。

这种现象也是造成承诺升级的内在机制。所谓的承诺升级，是指我们总以为会挽回以前的损失，因而会一而再、再而三地犯同样的错误。这种错误的根源就在于，人们不愿意承认，沉没成本已经和当前决策没有任何关系。当创业公司不可避免地走向灭亡时，眼睁睁看着投资价值不断萎缩的投资者，依旧会不遗余力地进行追加投资，他们宁愿让垂死的公司再残喘一段时间，也不愿意接受前期投资已不可挽回的事实。

前景理论对创业机会判断者提出了警示：在评估创业成功的概率时，我们不能相信自己的直觉，我们的观点会不自觉地严重青睐刚刚发生的事实。此外，该理论还告诉我们，绝不能认为损失带来的痛苦要超过相同成功带来的快乐——两者的实际影响应该是相等的；与此同时，在制定目标时尤其需要谨慎，避免这些目标成为迫使我们陷入非理性承诺升级的锚定点。

投资者或许更喜欢雄心勃勃的创业者，被他们的过度自信所蒙蔽，毫不掩饰地宣称，他们必将实现甚至超过这些雄伟而宏大的目标。这种行为注定会招致巨大风险——让投资者深陷于各种心理偏差，并最终招致非理性决策和价值损失。

为避免因前景理论带来的承诺升级偏差，我们应以客观的考量方法来确定不确定选择的预期价值，并审慎对待他们的公开承诺。

注释

1. Jeffrey A. Timmons and Stephen Spinelli, *New Venture Creation*: *Entrepreneurship for the 21st Century* (New York: McGraw－Hill International, 2010) .

2. “创智赢家”创投真人秀节目，第五季第四期。
3. J. Michael Haynie, Dean A. Shepherd, and Jeffrey S. McMullen, “An Opportunity for Me? The Role of Resources in Opportunity Evaluation Decisions,” *Journal of Management Studies*, 46, no. 3 (2009): 337 – 361.
4. Razvi Doomun and Nevin Vunka Jungum, “Business Process Modelling, Simulation and Reengineering: Call Centres,” *Business Process Management Journal* 14, no. 6 (2008): 838 – 848.
5. GEM 2013 Global Report, January 20, 2014,www. gemconsortium. org/docs/ 3106/gem –2013 – global – report.
6. 见普华永道和美国风险投资协会的 MoneyTree 报告，数据来源为汤森路透数据库提供的 2013 年第四季度及全年数据：www. pwc. com/en_US/us/technology/assets/pwc – moneytree – q4 – and –full – year – 2013 – summary – report. pdf.
7. 小企业管理局宣传办公室，经常性问题见：https://www. sba. gov/sites/default/files/FAQ_Sept_2012. pdf.
8. OKR 的含义为“目标及关键结果”。可参考 Rick Klau 在 Google Venture 上关于谷歌如何制定目标的视频讲座，见：https://www. gv. com/lib/how – google – sets – goals – objectives – and – keyresults – okrs
9. “创智赢家”创投真人秀节目，第五季第一期。
10. “创智赢家”创投真人秀节目，第五季第三期。
11. 如果你还不熟悉黑天鹅的概念，我们建议读者阅读纳西姆·尼古拉斯·塔勒布（Nassim Nicholas Taleb）的《黑天鹅：如何应对不可知的未来》（*The Black Swan*：*The Impact of the Highly Probable*）一书。
12. 最典型的例外就是所谓的“自挠其痒”（即创造一款伟大产品或者服务的最直接方法，就是寻找你自己最想得到的东西）。本章介绍的 SendGrid 早期创建历史就是这种模式的一个典型示例。
13. Jim Collins,*Built to Last*：*Successful Habits of Visionary Companies* (New York: HarperCollins, 2002), ch. 5.

第四章 机会评价的方法

Startup Opportunities:
Know When To Quit Your
Day Job

机会评价的方法几乎和机会的数量一样多。 但大多数评价方法均可归结为如下两大类：①阶段—关口流程（stage－gate process）；②包括敏捷决策的反馈环方法（feedback－loop－based approach）。

阶段—关口流程由一系列阶段构成——通常包括发现、范围界定、构建商业案例、开发、测试和启动阶段。 每个阶段之间设置一个“关口”，提示对前阶段进行回顾审查并决定是否进入下一阶段、进行更多的评价或者终止项目。

反馈环过程则遵循创建、衡量和学习的方法，其理论基础在于：只有开始构建你认为顾客需要的东西，你才能得到自己需要的信息。

阶段—关口流程通常会生产一份商业计划，并提出问题——“这个机会是否值得做进一步投入？”而反馈环流程则以商业模式画布形式生成结果，并提出这样的问题——“要决定对机会做进一步投入，哪些假设必须是真实的？”

机会评价应出现在创业过程中的哪个阶段

大多数人在对创业过程建模时，会将机会评价作为创建新风险投资企业的一个关键阶段。 尽管早已成为陈词滥调，但“三思而后行”这句话依旧适用于创业。 归根到底，在投入时间、精力和金钱之前，对创业机会进行深入评估肯定是最好的办法。

杜克创业与创新中心（The Duke Center for Entrepreneurship and Innovation）建议，创业过程（见图4－1）可以分解为不同阶段，即：

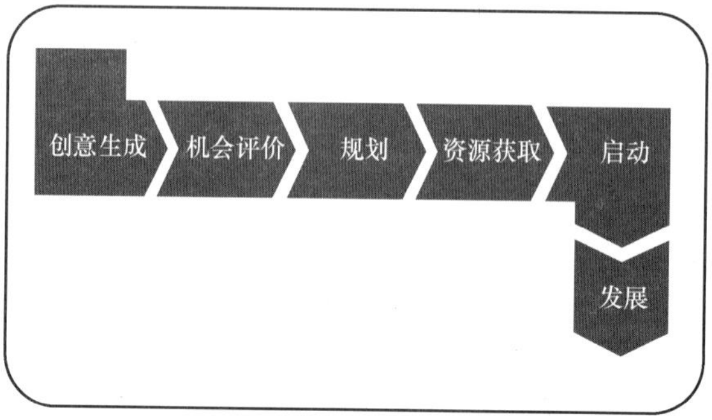

图 4－1　杜克中心创业过程模型

2008 年，艾米 · 格莱索克（Amy Gresock）和布鲁斯 · 巴林杰（Bruce Barringer）描述了阶段—关口流程模型在机会评价中的应用，如图 4－2 所示。

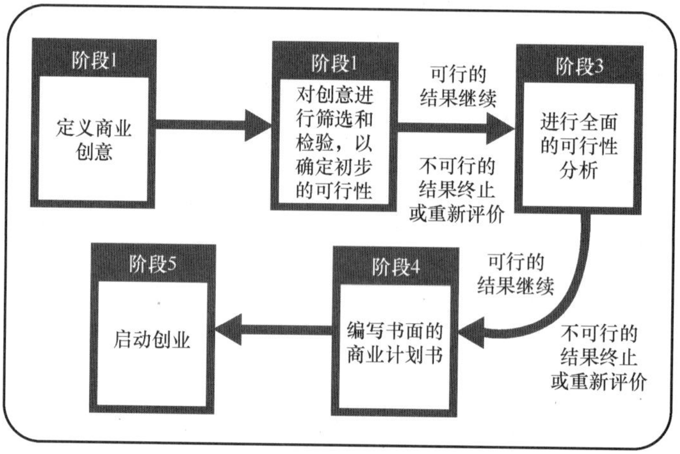

图 4－2　艾米 · 格莱索克和布鲁斯 · 巴林杰（2008）的阶段—关口流程模型[1]

今天，很多人感觉创建新风险企业已不如以前那么简单直接，而是更接近于埃里克 · 莱斯在“精益创业”模型中所描述的迭代模式，如图 4－3 所示。

将创业进程看作是顾客开发过程中多次重复迭代结果的观点表明，创业的成功之路不可能是一帆风顺的大道。托马斯 · 爱迪生曾有一句著名的格言：“我没有失败，因为我刚刚发现了一万种行不通的方法。因此，“加速失败”这个词能成为创业领域最常用的词汇，自然也就不足为奇了。

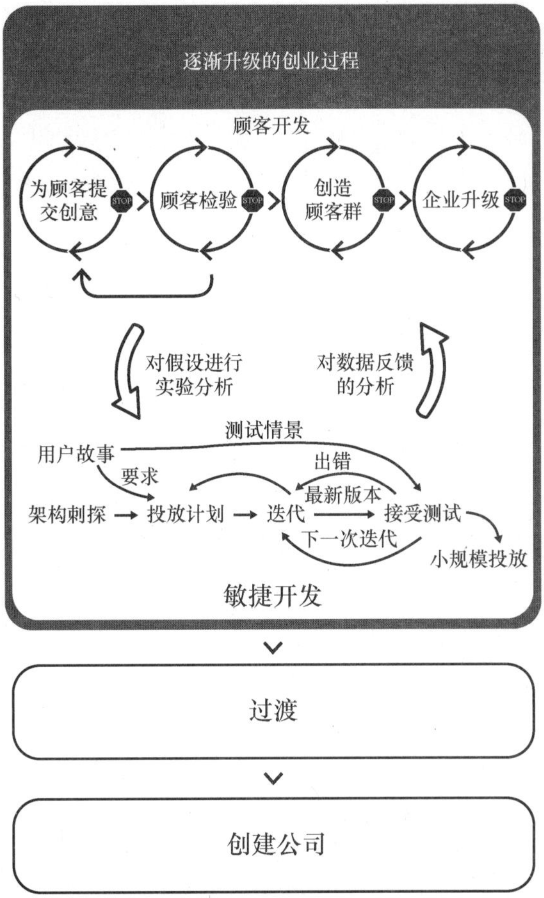

图 4－3　逐渐升级的创业过程[2]

资料来源：摘自 J. Donovan Wells 的 *Extreme Programming*，图表改编自 Eric Ries 的讲稿。

正是有越来越多的人在创业过程中不断学习、试验、解析和重复，才先后出现了史蒂夫·布兰克的“顾客开发”、亚历克斯·奥斯特瓦德（Alex Osterwalder）的“商业模型新生代”以及埃里克·莱斯的“精益创业”模型。比如说，麻省理工学院马丁信托创业者中心（Martin Trust Center for MIT Entrepreneurship）负责人比尔·奥莱特曾出版《自律型创业》一书，他在书中提出的新方法既借鉴了前人的方法，也结合了麻省理工学院创建和启动的很多创业模式。

机会评价可以运用于每一种方法之前，以便于在进行迭代循环之前进一步澄清需要进行的工作。机会评价意在创造一个灵活的起点，从而为“精益创业”“精益创业模式课程”或“自律创业”流程提供关注点。

“商业模型新生代”的内涵

奥斯特瓦德及其他“商业模型新生代”理论指出，所有商业机会的起点都是对商业模式基本面的审查。 通过定义和探索商业模式的九个核心要素，我们可以对构成潜在机会的基础要素提出质疑，开展调查，并将这些要素转换为可测试的假设。 商业模型画布的九个组成部分分别是：关键合作伙伴、关键活动、关键资源、价值主张、顾客关系、渠道、顾客细分、成本结构和收入流。

商业模型画布的典型模板如图 4－4 所示。

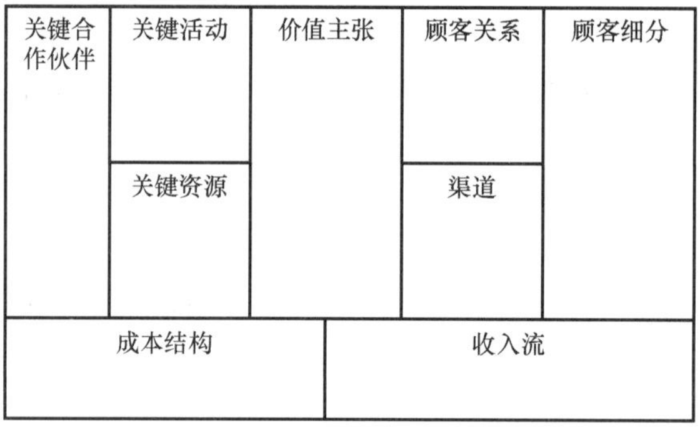

图 4－4　奥斯特瓦德(2010)的商业模型画布

通过解决图 4－4 中的每个构建模块，我们开始确定机会所依赖的假设。 比如说，如果你不能清晰地描绘出顾客细分群体，即使你的机会中蕴含着非常大的潜能，但你依旧没有能力继续下去。 采用商业模式画布，我们可以在不断探索前方障碍的同时，始终牢记这句容易被误认为是来自马基雅维利的话：“创业者就是那些能识别困难和机会之间的细微差异，并能让两者为己所用的人。”[3]

顾客开发与精益创业的内涵

1997 年，肖恩开始与创业企业进行合作，当时的肖恩还在安永会计师事务所就职，他的工作就是协助高增长创业企业实现成功。 作为一名刚刚离开法学院的毕业生，他所能依赖的唯有自己的创业经验，于是，他马上开始探寻创业企业的奥秘，而这把神奇的钥匙将为他打开创业领域的大门——帮助他了解为什么有些创业公司会失败，有些则会成功。 15 年之后，他终于破解了创业迷局。

在 2012 年的整个夏天，肖恩在斯坦福大学教授史蒂夫 · 布兰克教授的指导下进行了系统学习。 布兰克教授的课程向学生传授“精益创业模式”，而这门课程也最终改变了肖恩对创业的认识。 布兰克教授的基本观点可以概括为：

- 没有商业计划，能活过与顾客的初次接触。
- 走出办公室，到市场去寻找答案。
- 早启动，勤实践。

用几个月的时间编写商业计划，然后再秘而不宣地筹集资金，试图以隐身方式进行产品开发，这种做法在根本上就是错误的。 为项目筹集到资金但最终却因不能开发出顾客认可的产品而夭折，这样的情况对布兰克来说已司空见惯，他告诫创业者，必须与顾客合作，将原本粗糙的产品提炼成伟大的产品。 他更主张以动态方式完成这个过程，即，创始人先开发出满足顾客某种需求的小型化原型，然后通过真实顾客对这个产品进行测试。

利用顾客反馈，就相当于用市场需求来检验创业者的工作。 毕竟，只要顾客能够忍受痛苦、接受一种不太完美的解决方案，创业者就可以将更多时间用于改进产品，而不是研究市场。 顾客开发概念完全不同于以前的创业方法。 它不会产生花费两年时间和 200 万美元开发出完整方案，但最终却不为顾客所接受的情况。

在布兰克教授的课堂上，肖恩了解了教授培育的创业天才——在 2008 年首次提出“精益创业”概念的埃里克 · 莱斯。[4] 莱斯将布兰克的提出的“顾客开发”思想与敏捷开发及精益制造理论及其 64 个流程融为一体。 和布兰克一样，莱斯也对合作开发观点笃信不疑。 对莱斯而言，“精益”的内涵体现为：

- 低消耗：只把钱投入到基础上。节约资金用做以后修饰之用。
- 顾客反馈：不要陷入你的假设和前提中不能自拔。不要强行推行自己的产品，而是要顾客主动选择并接受。
- 快速完成原型制作：快速创造出顾客能够感受得到的东西，也就是说所谓的最小可行产品，然后由顾客进行测试。汲取检验过程中得到的经验和教训，反复调整和改善原型，直到最初简单笨拙的原型变成一个强大的解决方案为止。

莱斯将这个想法戏称为以顾客为中心的凶残快速迭代，今天，这种模式已成为精益创业活动的基础操作模式。

“自律型创业”的内涵

在屡次创业且屡战屡胜之后，比尔·奥莱特选择回到母校麻省理工学院，他希望向学生们传授自己在20年前开始创业时希望学到的东西。他的想法是创建一种严格而实用的方法，结合已经得到实践验证的最佳创业工具，以期提高创业者的成功概率，进而为他们选择使用这些工具的实践和方式提供路线图。为保证观点正确、思维严谨，他结合通过实践历练得到的经验以及与其他学者合作完成的研究，形成了一套独有的理论体系。

最终形成的迭代性24步过程即所谓的“自律型创业”，它可以帮助学生从“我有一种想法、技术或是激情”发展到“我有一种人们愿意为之付费的产品”。奥莱特的方法在他出版的《自律型创业》一书中得以系统化。

自律型创业的24个步骤可以归纳为六个主题：

1. 你的顾客是谁？
2. 你能为顾客做什么？
3. 顾客如何得到你的产品？
4. 你如何利用自己的产品赚钱？
5. 你如何设计和制作自己的产品？
6. 你如何扩大业务、创建企业？

这是一个高度迭代性的过程，每个步骤的设计都可以让我们在掌握更多知识的同时，有足够理由回顾和修订以前步骤中的工作。这个模型的目的就在于是帮助创业者，尤其是帮助首次创业者清楚应从哪里开始，以及如何不断前进，创造出符合顾客需求的产品，从而创建出在经济上具有可持续性的新企业。

自律型创业适用于创业企业的筹建——不管是硬件、软件、服务还是消费产品企业，也无论是营利型企业还是使命驱动型企业，无一例外。Okta、Lark Technologies、Locu、FINsix、FastCap系统、WeCyclers、Shop Soko和Essmart等创业公司都曾得益于这种方法。

自律型创业的价值已经得到了验证，因为它并不旨在重造创业精神，而是将诸多论著及资源中探讨的成熟技术整合到一起。

创业版的科学方法

回想一下高中时学习的自然科学，很多内容似乎就像是一个创业版的科学方法。《牛津英语词典》对“科学方法”的定义为：

一种以17世纪以来自然科学为基本特征的方法或程序，它包括系统化的观察、测量和实验以及对假设前提的制定、检验和修订。

在这个定义中，关键词是系统化、测量和实验。按照这个原则，创业家不应再完全依赖于自己的直觉和勇气，而是在每一步操作之前，对其假设前提进行系统化的观察、检验和衡量。这些努力的结果必将有助于创业者回答投资者如下典型问题：

- 为什么要提供这个解决方案？
- 你怎么知道顾客需要这个解决方案？
- 你是如何确定价格的？

通过直接顾客测试得出的事实回答这些问题，必然会让你立于不败之地，而其他任何答案都会让你的方案受到质疑。通过以精益创业和顾客开发周期为基础的探究，可以让我们以系统化、可测试以及可衡量的技术，将科学方法运用于创业事业的开发和发展。要采用这种方法，创业者首先应采用可检验假设制作一个“精益创业画布”（我们将在随后详细探讨这种工具）。所谓可检验假设，是指可用科学方法进行客观检验的可证伪命题（可被否定的命题）。[5] 因此，这种假设必须采用易于显示其错误的表述方式。下面就是几个可证伪命题的例子：

- 我相信用户希望采用比快递、传真或电话更快的速度将信息从A点发送到B点。（电子邮件）
- 我相信，在全球范围内，更多的人希望获得《大不列颠百科全书》那样的普及性知识。（维基百科）
- 我相信，人们希望能随时发送和接收电子邮件。（黑莓手机）
- 我相信，孩子们都希望发送有期限且不能被记录以用于以后使用的消息。（Snapchat）

这些假设均具有如下特征：

- 商业模式所依赖的假设。
- 形成书面文字。
- 可以被证伪。
- 可操作。
- 可由顾客使用最小可行产品（MVP）进行检验。

埃里克·莱斯和莎拉·迪拉德（Sarah Dillard）在哈佛商学院的博客上对此进行了总结。[6]

以假设驱动型方法评估创业机会的企业被称为精益创业企业。

在这些创业企业中，创业者将他们的愿景转化为可证伪的商业模式假设，然后以一系列最小可行产品对假设进行检验，其中，每个 MVP 均代表检验概念所需要的最小规模的特征和活动。根据检验的反馈结果，创业者必须决定，是通过改变模型的某些要素而继续探索原有商业模式，还是就此放弃创业。

Clarity 的首席执行官兼创始人丹·马特尔（Dan Martell）的经历显示出假设检验是多么的简单。马特尔用一个"立即购买"按钮对其最初基于网络的 MVP 进行了检验。他的假设是，如果他提供的服务是有价值的，那么，用户就会有购买这种服务的需求。但"立即购买"按钮并未奏效，而是引导使用者进入一个简单的页面，并显示出谢谢使用者对服务感兴趣的字样。在"立即购买"按钮被点击数千次后，马特尔意识到，他已经拥有了一个顾客需要的解决方案。认识到这一点，他信心百倍地开始完成解决方案的剩余部分。[7]

创业者的观点：Ubooly

卡丽·格罗格（Carly Gloge），智能玩具 Ubooly 创始人之一

沿着玩具柜台看下去，我们不禁会惊奇地发现，伴随着年龄增长，玩具居然出现了如此明显的循环性，以及行业当下对品牌亲和力（而不是价值）如此严重的依赖性。我们开始使用 Ubooly 时的目标似乎非常简单——那就是制作一种可以使用 iPhone 操纵的神奇动物玩具。这样，我们的玩具就可以通过

Wi－Fi自动更新内容，使得我们每个月都能为产品注入新的价值。与很多创业企业一样，我们采取提前收费的策略，使得业务避免配送和适应消费者行为带来的影响——这往往是伟大产品不能取得成功的最大障碍。

我们的第一次测试是在众筹平台Kickstarter上进行的，这是决定是否有投资者关心这种产品的重要一步。通过此次活动征集到的第一批用户，为我们走向成功提供了关键指引。

我认为，很多创业的一种经历就是始于"这太棒了"的前提，但是到后来却发现，根本就没有人在主动寻找这种"太棒"的东西，而原因其实再简单不过：因为这样的东西根本还不存在。我们制作的初始产品只是一种更好玩的玩具，而且我们很幸运，社区群体为我们提供了更有意义的启发。我们收到家长的询问：Ubooly是否具有开发孩子学习新语言的功能，或是能否成为用于治疗儿童自闭症的工具。

顾客为我们讲述了一种不能由主流玩具满足的愿望。我们意识到，聪明的玩具并不是终极目的，父母想要的是聪明的孩子。尽管这似乎是显而易见的，但我们最初居然完全没有认识到这种要求。新的认知改变了我们对业务的设想。了解父母在考虑孩子问题时做出的反应，为我们指明了一条创建10亿美元品牌价值的道路。因此，我们对玩具定位不再是只会说话和倾听，而是帮助孩子们成为更聪明、更有创造性和更完美的人。

这个重大机遇也伴随着一个伟大的目标。要生产出能兑现这些承诺的玩具，还需要孩子长时间和我们的玩具在一起，因此，我们的第一个目标是留住孩子。经过一年时间每天对儿童参与情况的观察，现在，我们的玩具吸引孩子的时间已经超过了其他玩具的七倍。能满足用户某种需求的黏性产品，就是一种可实现有机增长的产品。对正在创业的创业者来说，这似乎是一条非常漫长的成长道路，但是在和已占据巨大市场份额的其他消费品进行竞争时，通过顾客实现增长或将成为一种全新策略。虽然大企业会通过数以百万美元的广告向孩子们推销新玩具，但使用Ubooly的受众还是在持续扩大，接受这种玩具的顾客依旧没有舍弃我们的产品。

此外，这也表明，在我们发布新的产品和内容时，无须投入额外的资源去重新争取原有顾客。平均每个美国孩子每年会收到70个新玩具（这显然是一个巨大的市场机遇），但美泰公司每年花费7亿美元却只为了推出10款新玩具。要在这个市场上站稳脚跟，我们没有能力在费用上开展竞争。我们已经意识到，真正的机遇在于产品能激发出顾客的消费欲望，而不是新产品本身有多么光鲜亮丽。虽然很多光鲜亮丽的新产品确实有可能让你受到关注，甚至带来资金，但顾客很快就会被更光鲜亮丽的产品所吸引。对我们来说，真正的机会在于以孩子无法拒绝的方式提供受教育的机会——在顾客的心目中，这种价值是实实在在的。

投资人的观点：Ubooly

斯蒂芬妮·帕尔梅里（Stephanie Palmeri），来自SoftTech风险投资公司

提起我在Ubooly投资的产品，不过是一种会说话的布娃娃，但对于VC来说，这样的说法似乎过于轻描淡写。考虑到这种产品独特的突破性本质，在SoftTech风险投资公司内部，我们将Ubooly划分到“新兴领域”投资部分。透过Ubooly玩具可爱、毛茸茸的外表，我们会发现一家寓教于乐的公司，凭借强大的创业团队和差异化的市场开发策略，将我们提倡的若干核心投资主题融于一体：移动化、教育及物联网。

我们首先关注的是市场，我们亲眼体会到，从蹒跚学步的婴儿起，适合于孩子们在家里玩的智能玩具如雨后春笋般持续增加。当我们投资Ubooly时，已经有30%的孩子在玩智能手机，此后，这个数字继续攀升。这种智能玩具已成为一种教育和学习手段。归根到底，Ubooly强调的是让智能设备为传统上没有生命力的玩具赋予生命。

创业企业的成功，最关键的要素是创业者，即，将创业愿景转化为现实企业的人。我们认为，Ubooly的创业团队是独一无二的，他们充分利用了这个寓教于乐的机会。卡丽·格罗格拥有建立创业品牌的经验，艾萨克·斯夸尔（Isaac Squire）是典型的技术专家，而两个人成功制作手机应用程序并创办第一家企业的创业历史，就是证明他们能力的最好证据。

Uboolу在众筹平台 Kickstarter 被投资者提前预定，也是验证这个市场机遇的一个强烈信号。尽管今天的创业者已开始越来越多地利用众筹和预售平台，但卡丽和艾萨克显然是这方面的先驱者。对 Uboolу的创业团队而言，正是来自 Kickstarter 的投资者帮助他们完成了以教育为主题的业务。而对投资者来说，Kickstarter 的支持不仅展示出早期顾客及零售商对这款产品的需求，也为我们认识到产品的庞大全球市场需求提供了最早信号。

如果你只是向投资者推介一种会说话的橙色布娃娃，这并没有什么突出之处，但 Uboolу的产品除了兼具活泼可爱的要素之外，还为顾客（家长）及其消费者（儿童）提供了一种独特的价值主张。它将给儿童带来的娱乐价值（一款可以让孩子们兴奋的玩具）以及对父母而言所具有的教育价值（我的孩子在一边玩、一边学习）结合到一起。虽然很多游戏应用程序均有娱乐功能，但它们容易让孩子久坐不动，因而让父母对孩子长时间盯着屏幕感到内疚。另一方面，对很多强调教育功能的应用程序来说，如何吸引孩子却是一个大问题——因为这样的软件通常缺乏乐趣。Uboolу不仅是一款能让儿童找到乐趣的玩具，它还取得了父母的信任，让他们相信，这款玩具会让他们的孩子越来越聪明，在这两者之间取得平衡显然极为重要。

Uboolу的分销及收入实现模式同样令人瞩目。从一开始，Uboolу就采用了两种与众不同的分销渠道——零售分销（先是线上分销，而后是线下分销）和手机商店分销。我们认为，Uboolу以多种渠道接触市场，将有助于扩大 Uboolу的品牌知名度。此外，每一个渠道均能带来相应的收入流。通过实体产品与软件相互结合，可以让 Uboolу在通过销售毛绒玩具实现收入的同时，通过出售内置课程和学习软件包来延长价值寿命。

仅仅在我们投资的一年之后，Uboolу便在四大洲（北美洲、欧洲、亚洲和大洋洲）实现销售，并提供会讲五种语言（英语、日语、法语、德语和意大利语）的玩具。在现实中，处于创业早期的企业很少能进入美国以外的市场，更不用说覆盖如此之广的全球市场。但是对于来自科罗拉多州博尔德、这款由手机驱动的可爱玩具来说，这显然不是什么难事。

注释

1. Bruce B. Barringer and Amy R. Gresock, "Formalizing the Front-End of the Entrepreneurial Process Using the Stage-Gate Model as a Guide: An Opportunity to Improve Entrepreneurship Education and Practice," *Journal of Small Business and Enterprise Development* 15, no. 2 (2008): 289-303.
2. Eric Ries, "The Lean Startup: Doing More with Less," Gov 2.0 Conference, September 9-10, 2009, http://assets.en.oreilly.com/1/event/30/Lean%20.Startups%20Doing%20More%
3. 有人认为，这句话应该出自马基雅维利之口，但实际不然：http://ian chadwick.com/machiavelli/addenda/machiavellianmisquotes/.
4. Eric Ries, "The Lean Startup," *Startup Lessons Learned*, September 2008, updated April 2011, www.startuplessonslearned.com/2008/09/lean-startup.html.
5. Thomas Eisenmann, Eric Ries, and Sarah Dillard, "Hypothesis-Driven Entrepreneurship: The Lean Startup," Harvard BusinessSchool Background Note 812-095, December 13, 2011, revised July 2011, www.hbs.edu/faculty/Pages/item.aspx? num =41302.
6. 同上。
7. *The Naked Entrepreneur* with Professor Sean Wise, March 3, 2013, episode featuring Dan Martell, http://nakedentrepreneur.blog.ryerson.

第五章　人　才

Startup Opportunities:
Know When To Quit Your
Day Job

10 年前，肖恩曾为安永会计师事务所进行过一项调查：要求创业投资人对他们在投资决策过程中采用的各种因素赋予权重。调查显示，迄今为止，最重要的投资评价元素始终是人，被投资者赋予的权重超过 40%。因此，我们经常会听到投资人不断重复这样的话：

- *赌的是骑手，而不是赛马。*
- *有次优创意的最优团队一定会击败有最优创意的次优团队。*
- *人之于机遇的重要性就如同位置之于房地产的重要性。*

如果没有人将创意变成企业，你拥有的全部也只是创意而已。虽然构成企业的大部分要素都在不断变化，但人永远是最难改变的要素，而且往往也是演化最缓慢的要素。永远不要忘记，人是最复杂的高等动物。

团队

投资人重视有连续历史业绩的创业者——创建过多家企业的创业者，他们更喜欢连续型管理团队。一个合作型创业者团队就是一个宝库，而曾经创建过成功企业的创业者团队则是一份至宝。不管经验如何，一个高度有效的团队往往是个别创业者无法企及的。

在创业孵化器 Techstars 时，我们已经投资了近 1000 家企业。虽然其中有少数企业为单一创始人团队，但绝大多数均有两到四名创始人。我们认为，两到四名是一个比较合适的数字，而且至少应有一半创始人负责产品。一个由三名营销人员和一名工程师构成的四人创业团队则是次优配置，因为工程师需要用大部分时间解答营销人员的问题，而营销人员又没有足够多的事情可做。

在创业团队中，个别成员之间的关系至关重要。有些创业团队是由好朋友构成的，还有些团队的成员仅仅刚刚认识不久。打造具有建设性和高效性的工作关系非常关键，因为各创业者不可能在所有问题上都能达成一致或是具有相似的风格。在与我们合作过的顶级创业团队中，很多团队在内部存在着这样那样的冲突，而在 Foundry 集团，我们始终强调“以诚相待”的重要性，并将此作为企业文化的一部分。因此，问题的关键不是没有冲突，而是在于如何厘清问题，解决不可规避的冲突。

当投资者评估一个创业团队时，他们通常会仔细观察创业者之间是如何互动的。没有任何冲突的团队或许根本就没有能力面对艰难的抉择。团队成员的意见分歧既要达到一定程度——只有这样，才能确保所有决策都是经过深思熟虑和认真推敲的，但又需要具有足够的相容性——以克服创业过程中的摩擦。

哈佛商学院教授诺姆 · 沃瑟曼（Noam Wasserman）最近出版了一本妙趣横生的新书，对创业团队问题进行了阐述，在《创业者的困境：预见并规避可能遭遇的陷阱》（*The Founder's Dilemmas: Anticipating and Avoiding the Pitfalls That Can Sink*）[1] 一书中，他建议创业者应做到如下几点：

- 引入拥有你缺少的技术专长、销售背景或社交关系的合作创始人。
- 创建一个更具多样性的团队，可以让你加入一个更广泛、更多样化的网络（即，物以类聚，人以群分，相近的人拥有相近的网络）。
- 避免与朋友和家人共同创业，因为由此带来的损失最终往往会超过创业带来的价值。
- 进行明确分工有助于强化责任和激发创造力。
- 有计划地解决问题，不要试图避免冲突，而是要为冲突制订计划。

与连续创业者一样，拥有创业工作史的团队也可以增强投资者的信心。YouTube 创始人查德 · 赫利（Chad Hurley）和陈士骏将他们创建的视频网站以超过 15 亿美元的价格出售给谷歌。投资者（和媒体）在 2011 年 9 月 12 日对他们的关注并不意外，这一天，两人决定从雅虎手中接管已濒临倒闭的社交书签网站 Delicious。

而“波士顿比萨”连锁店的两位老板吉姆·特雷利文（Jim Treliving）和乔治·梅尔维尔（George Melville）收购加拿大汽车服务连锁企业 Mr. Lube，同样吸引了全世界的关注。虽然经验不一定能确保成功（Delicious 此前已数次转手），但它肯定是投资者关注的对象。

投资者喜欢与之前曾经同舟共济的创业者进行合作，这是他们降低投资风险的最好保障。因为与熟悉的创业团队合作，投资者至少可以在创业团队针对困难的沟通和应对等方面减少不确定性。

创业者的观点：Circa

马特·加利根（Matt Galligan），联合创始人之一

2011 年底，本·胡（Ben Huh）和我提出了创建 Circa 的想法，当时，我们非常清楚地认识到，新闻阅读领域确实鲜有突破创新之处。诚然，文章越来越多，传播速度越来越快，形式也越来越多样化，但是从根本上说，实际的消费体验并没有出现大的变化。问题的核心就在于被我们称之为“新闻健忘症”的概念——虽然每天都会有层出不穷的新文章，但它们大多只是在引用昨天的消息，甚至是原封不动的重复。这些“旧”新闻形成了“新”新闻的“背景”。但如果撇弃这些背景，会出现怎样的情况呢？如果我已经知悉昨天发生了什么，会对今天的新闻有什么反应呢？所有报道都服务于两个受众群体：还没有听说某件事情的人和一直在跟踪这件事的人。而 Circa 则结束了以所谓“跟随”模式来解决这个问题的惯例，并对事件进行持续性更新。我们对这个概念的认识建立在软件工程、版本控制以及面向对象编程基础之上，并将这些原理应用于编辑和阅读新闻的软件。技术、产品和新闻内容的融合依旧是大多数新闻媒体的短板。

在将这个概念转化为 Circa 的过程中，我们不断被问及一个根本性问题，而且我们也一直自问这个问题：“为什么目前不存在这种产品？”我们的想法非常简单：就是让人们密切跟踪他们关心的新闻报道，就像人们在 Twitter 上关注其他用户一样。对问题的挖掘越深刻，我们就越加认识到为什么以前没有人在新闻领域做到这一点：因为我们的解决方案完全有悖于传统新闻制作方

式，或者说，是大多数行业和从业者被灌输而且习以为常的模式。我们最初就坚信，没有什么神秘之处，我们必须将创意理念彻底解剖到核心要素，而后再根据消费者需求重新组合这些要素。我们的产品功能之所以能在上市两年后依旧无人能及，是因为概念或许并不复杂，但是要将概念发展成为产品，则在技术和文化上存在着难以克服的壁垒。

每个人都需要了解周围世界的发展状况。虽然新闻并未衰亡，但它却未能与时俱进。新闻阅读和创作的模式与一个世纪之前大同小异。在我们评价哪些值得进一步尝试时，如果我们能给这个陈腐的传统业务留下一点自己的痕迹，那将是一件多么令人兴奋的事情啊？

投资人的观点：Circa

大卫·科恩（David Cohen），来自 Techstars

当正确的创意和正确的人相结合，并将创意诉诸实践时，一个伟大的投资机会便脱颖而出。机会往往出现在日久天长的长期关系中。当你逐渐了解某个人，并亲身经历他们如何学习、如何发展以及如何面对挑战时，你就能更深切地感受到这是一个怎样的人。只有信任某个人的能力、创造力和品格时，你才会将投资托付给他们。

大多数种子投资者投资的是人。对 Circa 来说，投资者笃定的这个人是马特·加利根。2007 年，加利根参加了 Techstars 的第一期辅导课程，从那以后，我们逐渐成为熟人。Circa 是马特创建的第三家公司，也是我投资的第三家公司。在他成功地将自己的第一家 Socialthing 卖给美国在线后，我投资了他创建的第二家公司 SimpleGeo。虽然 SimpleGeo 不成功，但马特绝对是为我们打理投资的优秀管家，后来，这家公司被出售给位于俄勒冈州的软件服务供应商 Urban Airship，这是一家业绩增长相当不错，且有着良好收益前景的公司。

2011 年，在 Techstars 的创业导师和校友参加的年度创始人会议中，Cheezburger Network 的首席执行官兼 Techstars 的创业导师本·胡，提出了创建一家媒体公司的想法。由于他当时还在忙于筹建 Cheezburger 的工作，因而准备征集一名能将这个创意付诸实践的创业者，马特毫不犹豫地抓住了这个机会。最精彩的创业方式无疑就是从零开始将一个好创意变成现实。如果你能利用强大的网络力量进行合作，将创意从虚无变成伸手可触的果实，这种神奇的转化就有可能发生。本·胡不仅是公司的联合创始人之一，而且是公司的董事会成员之一。

大众显然就是一个正确的想法和正确的人的结合体。马特是产品创意设想和传播的内行，他将一批拥有上乘业绩的人才组建成一支优秀的创业团队。当然，我看好的不只是团队，Circa 背后的创意及其隐藏的巨大商机也吸引了我。顺应移动电话大潮，Circa 的产品将与新闻和所有人需要的内容与人们使用移动设备的方式融合起来。Circa 的新奇之处就在于，它以不同方式认识市场的新闻消费模式，让人们以最便捷的方式快速浏览他们需要的信息。

尽管这绝对是一个了不起的创意，而且对我的投资决策同样至关重要，但促使我做出这个投资决策的第一要素，还就是我和马特的关系，以及对于创意实践者的信任。

全职工作

能否全身心地投身于一个新的机遇，对创业的成功至关重要。如果创始人团队中没有一个全职人员，那就出问题了。记住，创意并不重要，执行才是最重要的，而执行就需要有全身心投入的创始人。如果没有一个人以全职身份投入到这个机会中，怎么可能会有前途呢？以全部精力参与到这个创业机会中的人越多，成功的概率就越大。

以全职身份投身于一个全新的机遇，这本身就是一种承诺。如果无法做到这一点，就要考虑能否以其他方式显示自己对创业的奉献意愿。投资者当然希望看到所谓的“风险收益共担机制”——即，创始人的个人利益与公司未来休戚相关。

有些投资者会对创始人未全职参与的项目犹豫不决。但很多创始人全职投入的前提却是拿到资金，因此，这就带来了一个严重的进退维谷的两难境地。那么，如果不准备放弃日常工作，你该怎么办呢？假如你可以证明，产品已经在你兼职工作期间取得收入或用户，那么，这或许就是最好的例证——接受投资并全职投入，必将推动你取得更大的成功。虽然说尽早证明你的创意非常重要，但是对于一个你不能全职投入的创业机会，证明其价值更为重要。

在其位，谋其职

所有伟大创业者不仅善于从成功中学习经验，也善于从错误中汲取教训。经验体现为多种形式，不仅包括创建一家创业企业并成功退出，也包括创建一家企业但最终却只能眼巴巴地看着其崩溃灭亡。

不同的企业创始人有着不同的经历。通过建立一个具有多样化背景和经验的创业团队，会有助于加快机会的评价过程，因为每个创始人都可以为团队带来不同的经验和教训。

假如你是第一次创业，这一点尤为重要。不要试图事必躬亲，一定要寻找拥有相当经验的合作创业者。如果所有团队成员都是第一次创业，那就一开始就寻找一个可以与你们合作共事的导师。如果你没有经验，就要吸引有经验的人进入团队，并让他们参与你的事业。

投资者经常会说："我可不想让创业者拿着我的钱学习。"虽然很多投资者认为，支持有经验的创业者是更安全的投资选择，但有些人却偏爱和初次创业者合作。虽然人们认为经验丰富的创业者往往拥有更现实的预期和规划，有更多的资源渠道（包括资本）和更成熟老练的判断，但首次创业者往往不受历史经验的束缚，因而更具创造力。因此，首次创业者和成熟创业者的结合或许更有可能创造奇迹。

激情

创建企业是一个非常艰难的历程，资源存在稀缺性，而且障碍比比皆是；成功还难以预料。对创业企业来说，唯一可以肯定的是，你注定要劳累多年。

创业是创业者追求的事业，而不是谋生的工作。因此，你只能去追求让你为之魂牵梦萦的机会。一位著名高尔夫球手曾说过：人们只会尽其所能做最让自己享受的事情。这种对于体育运动的痴情适合于创业者，因为对利润的向往显然不足以让你废寝忘食。

解决自己的问题——自挠其痒，是一个强大的方法。Couple 就是一款成功的应用程序，它可以让两个关系密切的人进行私密、安全的沟通，它的出现显然顺应于人的需求。迈克尔·彼得罗夫（Michael Petrov）和合作创始人在Y Combinator孵化器创建 Couple（最初的名称是 Pair）的原型时，他们的女朋友分别回到了加拿大和日本。两地分离的感觉促使几位加拿大创业者试图创建一个与女朋友联系的交流平台。这个创意引发巨大反响，仅在应用程序测试版发布的前四天内，下载量即超过 5 万次，发送信息超过 100 万条。当接受肖恩的“赤裸企业家”（The Naked Entrepreneur）节目采访时，[2] 彼得罗夫被问及年轻学员应如何寻找创业激情的问题。他的回答一语中的；他告诫学员，一定要聚焦于能带来激情的爱好。这可能需要你放弃学校酒吧，把星期四晚上的时间用来探索、构建自己设想的事情。创始人往往需要为企业诞生付出数千个小时的时间。因此，在这个过程中，你必须酷爱自己的创意，而不仅仅是喜欢。如果你按照预期货币收益来评判机会，那么，在拿到这笔钱之前，你会怎样做呢？因此，切莫过分强调财务结果，而是要从你的爱好和激情出发。

“即使得不到资金，我也会做下去”——这种想法对投资者来说无疑是个好兆头。Grinds Coffee[3] 的创始人马特·卡内帕（Matt Canepa）和帕特·佩泽特（Pat Pezet）就不乏这种激情。两个人共同为自己的产品筹集资金——而他们的产品就是装满新磨咖啡的咖啡袋。他们对自己的咖啡袋精心调味，并补充了适当的维生素和营养成分。他们在大学考试复习期间想到了这个创意，他们意识到，这种产品有可能对咀嚼烟草形成一种健康而可行的替代。

但激情也会带来副作用。太少的激情会摧毁你对逆境的抵抗力（也就是说，你对不利事件的抵御能力），并导致你在毫无进展时选择退缩。而过多的激情则会让你对现实问题选择视而不见。成功的创业者需要在两者之间找到平衡——他们既要对愿景充满信心，又要始终尊重现实世界的束缚。因此，问题的关键就在于在盲目信念与理性乐观之间求得平衡。

《从优秀到卓越》一书的作者吉姆·柯林斯（Jim Collins）将这种权重戏称为“斯托克代尔悖论”（Stockdale Paradox）。[4] 斯托克代尔是一位美国海军上将，他是越南战争期间被俘的美军最高级别将领，但他并未得到任何优待，还被关押长达八年之久。被关押期间，斯托克代尔经常被看管人员严刑拷打。很多俘虏死于狱中，但斯托克代尔始终告诉自己，他终有一天会得到自由，会再次看到他的妻子。斯托克代尔以对现实的尊重克服了对自由的盲目追求，一方面是对未来的信心和乐观主义，另一方面则是充分尊重现实，这种极不稳定的平衡构成了“斯托克代尔悖论”的基本特征，它不仅适用于战争中的囚犯，也适用于创业者。因此，不妨在我们的场景下理解吉姆·柯林斯在《从优秀到卓越》中的原意：创业者必须始终坚信——无论有哪些艰难险阻，他们的事业必将取得成功。另一方面，创业者还要敢于面对最残酷的事实——无论他们是谁，都必须在全力投入和批判性思维、盲目信仰和客观现实、激情和实效之间找到权衡点。[5]

可培养潜力

创业者确实需要“厚脸皮”和百折不挠的意志。没有这两者，他们就无法忍受创业时期的颠簸起伏。所有创业企业都需要激情与奉献，没有坚韧和信心，大多数创业企业都很难熬过第一个年头。对每个创始人来说，他们全部的热情都将倾注于正在创建的事业。但是在有的时候，过度的激情也可能成为客观评价机会的障碍。

Pristine Cart[6] 是一种对购物车进行消毒的产品。虽然购买这种产品的是杂货店，但真正的受益者却是在杂货店购物的顾客。虽然这个创意不错，但作为机会来说，则是有缺陷的，因为这会增加杂货店的成本，并远远超过由此带来的收益——顾客因此而对杂货店形成的赞誉。虽然可以通过其他方法清洗购物车，但创业者固执己见，甚至于在听取了几位潜在顾客的反馈之后，依旧不肯承认价值与成本的失衡。造成这种固执的部分原因在于，创业者已经为此投入了 12 万美元。但是在投资者也给出与潜在顾客相同的反馈时，如果创业者继续执迷不悟，只会导致这个项目失去可培养潜力。

可培养潜力是指创业者愿意以开放的胸怀接受外界的评价、质疑和建议。也就是说，问题的关键不是在于是否拥有正确的答案，而是在于克制唯我独尊的自我意识，接受外部反馈。当一个优秀的创业者对自己的创意有足够信心时，他就会主动去寻求反面意见。这是机会评价过程的一个关键部分，因为反馈有助于创业者识别并解决创意中的潜在问题。

创业本身就是千变万化的过程，很少有几个创业理念能自始至终不发生变化。可培养潜力的创业者必须随时能展现这种能力。为验证可培养潜力，潜在投资者可能会开诚布公地提出问题，比如说："我担心的是谷歌，你何以认为它们不会构成威胁呢？"创业者如何反应将成为他们决定是否投资的重要参考。如果创业者回应"谷歌还不知道该如何创新……"这可能就是一个信号，表明他的自我意识正在影响其判断的理性，换句话说，这个创业者根本就没有可培养潜力。

可培养潜力的特征就是思维缜密、虚怀若谷而且富有好奇心。例如，在被问及"你认为自己在三年后的公司里将处于何种地位？"时，投资者肯定不愿意听到这样的回答："是公司的领导者，我将是公司唯一最有价值的首席执行官。"而"工作最需要我的地方"则会让投资者对公司的未来更加充满信心。或者说，面对"在你的团队中，谁比你更了解情况"这个问题，最糟糕的答案莫过于"没有"。相比之下，更可取的答案则是："每个人，我的身边永远有能与我互补的人才"。至于"我有点担心Facebook，你凭什么认为他们不会构成威胁呢？"这个问题，恰当的回答可能是："它们当然可以做到，没有什么是Facebook做不到的，但更重要的问题在于，他们是否能在产品开发方面领先一步，以至于有可能影响到我们的市场战略。"

财务资源不受约束的企业可以做很多事情，但能否围绕创意快速展开，同样要受到组织、层级和优先性等结构性障碍的影响。因此，对某个拥有价值潜力的具体创意来说，我们最关心的一点在于：哪些因素会妨碍我们将创意落实到实践中。

很多投资者希望给创业企业带来的不只有资金，他们还想提供指导，为创业企业贡献自己的社会网络，当然，最重要的则是他们的经验和教训。投资者支持的创业者不仅要善于倾听，还要善于表达。

创业者的观点：7 Virtues 香水

巴布·斯蒂格曼（Barb Stegemann）

我的激情源于我作为一个女性对加拿大的感恩——这是一个可以自由投票的国家，在这里，我拥有了财富，我体会到安全，我们的孩子可以去公立学校，我们有漂亮的公路，总之，在加拿大，我们感到很幸福。我出生于普通人之家，我的青少年时期几乎都是依靠社会福利长大的，我知道，我可以找一份兼职，就可以像其他孩子一样买到合身的衣服。此外，我还要用有尊严的方式分享我们所拥有的一切。我从来没有想到需要慈善捐赠，我希望收到宴会的邀请书。这就是我创建7 Virtues香水的目的。我们向海地、卢旺达、阿富汗和中东的供应商为我们的香水产品购买精油原材料，并借此邀请他们前来参加宴会。我们是平等的，我需要他们，他们也需要我。

我对7 Virtues香水之所以充满激情，是因为它为我以及每个喜欢我们香水产品的人提供了一种重建国家的力量。我非常感谢我的投资者布雷特·威尔逊(Brett Wilson)，他已成为我的导师，并对公司的扩大和发展提供一切力所能及的支持和空间。我们已经向世人证明，只有具备社会责任感的企业才能成为优秀的企业，而且我们的产品同样非常出色。这就是我们的关键——顾客之所以需要我们的香水，是因为它们不含有邻苯二甲酸酯或是对羟基苯甲酸酯，而且她们又恰恰是素食主义者。女性朋友告诉我，在购买我们的天然精油产品之前，她们无法使用香水，但是现在，即使是工作中，她们也会使用香水！

我的激情之所以能让7 Virtues香水取得成功，唯一的原因就是我对这个想法的创意，就如同我对我孩子那样的尊重和重视。我对7 Virtues的培育、呵护、尊重、鼓励和挑战，就如同父母之于孩子般的诚挚。不多不少，恰如其分，我知道什么时候该自由放任，什么时候该倍加关注。

投资人的观点：7 Virtues香水

布雷特·威尔逊

在我参加“龙之穴”真人秀节目的全部时间里，还没有哪个人能像巴布·斯蒂格曼那样给我留下如此深刻的印象：巴布走过来，看着我们的眼睛说，“这就是我想说的”，我永远不会忘记那一刻。投资于社交创业企业可能会很艰难，非营利项目通常不会成为好的投资，但这显然不是巴布带给我们的创意。相反，她的创意是一个兼具社会效益和经济效益的营利性企业。巴布并不想创建一家慈善机构，她的目标是通过创业来实现自力更生。

激情和坚毅就写在巴布的脸上——这也是每个创业者将机会转化为成功所不可或缺的两件法宝。创业者每天都要面临高度的不确定性和资源的稀缺性。当你在为自己的公司殚精竭虑时，其他人或许还在睡大觉，激情是唯一能让你坚持向前的力量。同样，当你为创业筹资而遭遇几个月的冷面拒绝时，坚韧有时就会成为你唯一可以依赖的力量。巴布在自己的推介中把激情和坚韧展现得淋漓尽致。

不同于“龙之穴”真人秀节目中很多为实现梦想而争取资金的人，巴布带来的是一个她充满激情并愿为之付出的机遇。她并没有为对海外供应商支付高于市场价格的价格而道歉，因为她的供应商几乎都是处于极度贫困状态的农民，因此，这么高的价格反而会让消费者体会一种难得的荣誉感。巴布把自然禀赋的约束变成了机会。基于为全球贫困人口提供自我救助解决方案的激情，我感到一种不得不参与其中的责任感。从遇到这位令人刮目相观的创业者第一天起，巴布没有做过任何一件让我对支持和资助她感到后悔的事情。今天，我对巴布·斯蒂格曼和7 Virtues香水的信任甚至高于以往任何时候。

吸引人才的能力

能够吸引人才，这本身就是一种能力，而这对创业团队来说尤为重要。

大多数创业企业都在资源上存在严重制约，很少有几个创业企业拥有充足的资本和人力资源。满足资本需求的一部分内容就是减少资源束缚，但是要吸引资本，首先需要你拥有一个好的团队。这似乎是一个棘手的问题，在取得资本之前，创业者必须想方设法建立一个强大的创业团队。

为什么有人愿意放弃已经参与的机会，转而为一个还没有找到资金的新创意进行投资呢？有趣的是，这恰恰可以成为你练习解释创意的好办法，也为你的愿景表述能力和机会宣讲能力提供了第三方验证。

如果你能吸引其他创业者放弃高收入工作加入你的团队，投资者当然想知道其中的原因。如果你能让其他人辞去在现有工作和你一起创业，那么，这就是证明你的机会和你解释机会的能力最令人信服的证据。一定要认识到，反向推论也是有效的：如果机会这么好，为什么没有人愿意辞去工作全职参与你的创业呢？

在对创业机会进行评价时，能否吸引合适的人才加入创业团队至关重要。几年之前，肖恩曾为多伦多《环球邮报》（*Globe and Mail*）进行了一项研究，研究结果显示，成功的创业公司首先需要一个能力均衡的管理团队。于是，肖恩提出了被他称为“人才三角形”模型，[8] 该模型由三个要素组成：商业头脑、行业知识和运营经验（见图5-1）。

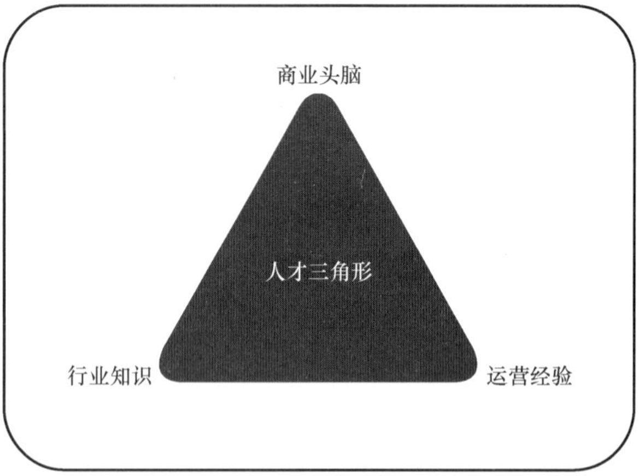

图5-1　怀斯的“人才三角形”

下面，我们深入讨论“人才三角形”中的各个要素。

商业头脑

商业头脑通常体现于公司的首席执行官、首席运营官和首席财务官，具体是指经营企业的能力。管理团队的领导者应知道如何进行预算、预测、领导和计划，应能处理创业公司的基本业务和管理问题。

拥有商业头脑的创始人通常在其他创业公司担任过多年高管职务。因此，他们对于在什么时候筹集多少资金，在什么时候以及如何聘用员工，如何考虑知识产权以及扩大业务的时间和方式等心知肚明。

如果创业团队中缺乏有商业头脑的创业者，机会大多会失之交臂。商业头脑是多年从业经验的结果，而且多以阶段为中心，而不是以行业为中心，也就是说，每个阶段都有自己的特征，因此，商业头脑也体现为对不同阶段的驾驭能力。

具体来说，来自《财富》1000强企业的首席执行官未必适合于创业公司，而正在进行第二次创业的年轻管理者反倒有可能是最佳人选。

思维缜密的创业者善于剖析自己的弱点，他们深知，他们不只需要资金，还需要经营专家。GrowZorb的发明者大卫·科奇（David Koetsch）就是一个例子。[9] 科奇是一位设计工程师，在对产品、顾客和竞争对手进行分析后，他开始寻找资金。投资者很清楚，科奇拥有行业知识和经营经验，但缺乏商业头脑。在他的创意推介中，大卫提到，他正在寻找一名有商业经营经验的合作创业伙伴。投资者终于同意进行投资，但他们的投资条件之一，就是“我们需要一个能亲自经营企业的人，因此，我们必须尽快找到那个人”。如果你的团队缺少商业人才，那么，尽早聘请相关领域的律师、会计师和创业导师自然有所帮助。

行业知识

“人才三角形”的第二个角是行业知识，它是你在创业机会所处行业内长期工作中获得的。行业知识始于对顾客和行业的了解。你清楚顾客需要的是什么吗？你是否知道顾客会如何购买呢？你知道哪些功能和优点是顾客最关心的？你是否了解自己所在的行业，知道或能设想出突破行业传统运行方式的机会？

如果你想创建一家变革银行业的企业，那么，相应的行业知识应该来自于金融领域、最好是银行业的长期从业经验。如果你正准备实施某种新的事物，那么，掌握该行业运营机制的内部知识显然是最重要的出发点。

以银行业为例，担任过美国银行首席运营官的人未必具备创业公司所需要的商业头脑，因为他只有大公司的经验，但这些经验却未必适合创业企业。若一个人来自软件公司，他就有可能掌握彻底变革电子银行转账业务后台处理方式的行业知识。专业知识还有助于识别和吸引关键人物，确保创业公司的计划合理可行。比如说，如果一个人在无线支付行业工作了 20 年，那么，他就更有可能了解顾客的需要是什么，以及行业的最大问题在哪里。

没有专业知识，创业公司就会冒着解决方案不被市场接受的风险，也就是通常所说的“没有问题指向的解决方案”。更糟糕的是，没有专业知识，很多创业公司会过度简化问题分析，并严重低估构建可行产品的挑战。

运营经验

人才三角形的第三个要素是运营经验。拥有运营经验的创业者知道该如何制造产品，并将产品交付给顾客。在网上零售店，创业者不仅要监督电商的前端网站建立，还要监督后端的食品交付过程。 因此，运营经验涵盖从产品设计到交付的整个过程。

没有运营经验，创业者往往难以推出其产品。 更糟糕的是，即使他们有可能推出产品，但却无法如约交付。 只有交付给最终用户和顾客的产品才会成为好产品。如果你的团队缺乏运营经验，可以邀请以前接触过类似产品的成员加入团队。

在“创智赢家”节目中，曾出现过一对医生兄弟阿尔伯特 (Albert) 和理查德 · 阿米尼 (Richard Amini)，他们推出的是一种用于医疗行业的产品，名为“Rolodoc”。[10] 实际上，Rolodoc 就是一种针对医生和医疗专业人员的通讯录，以便于患者与他们及时进行沟通和快速交流想法。 作为医务从业者，两位创始人显然拥有将 Rolodoc 推向市场的专业知识。 尽管评委也赞同这个目标市场的合理性，但运营经验方面的匮乏还是让 Rolodoc 的创业团队失去了投资者，因为两位创始人对如何建立、启动、推进并维持社交网络几乎一窍不通。

导师

导师通常是有经验的创业者或行业专家，他们可以通过各种方式帮助创业者，比如说，提前指出尚未出现的问题，根据先前经验制定克服障碍的解决方案，为创业者提供可以效仿的模板，并参与企业的决策过程。

有限的资源往往会限制创业者雇佣员工，或是将营销、产品开发、会计以及人力资源管理等很多必须完成的任务进行外包。 此外，初出茅庐的创业者必须尽快掌握管理技巧，因为缺少这方面的能力往往是企业失败的主要原因之一。 导师可以在这些方面发挥关键作用，因为非正式学习和辅导对于提高创业者的技能尤为重要。

担任创业企业的创始人或是首席执行官，可能是一件非常孤独、令人沮丧甚至是不断面对冲突和失望的工作。 因此，向一个关系密切、值得信赖的人倾诉困难和痛苦，往往会让创业者在黑暗中看到最宝贵的光芒。

董事会及顾问

描述创业者困境的名言警句不胜枚举。 经常听到的一句话是，要筹集到资金，你需要一只伟大的团队；但是要建立一只伟大的团队，你就需要资本。 缺乏资本推动，往往会阻碍创业公司吸引到高水平的全职员工，让创业的人才三角形残缺不全。

而优秀的董事会或顾问委员会则有可能帮助创业者解决与此相关的很多问题，包括：

- 为创始人做宣传。
- 针对问题和举措定期提出反馈意见。
- 扩大创业者的网络、领导技能和专长。
- 向外界发出企业值得信赖和支持的信号。

最后一点值得进一步探讨。在经济学中，信号理论的内涵就是一方如何以可信的方式向另一方发出有关自己的信息。如果建立一个由名声显赫者组成的董事会，你就可以向外界发出一个信号：你的公司是值得信赖与支持的。惠普公司的前首席执行官梅格·惠特曼（Meg Whitman）是二手商品移动交易平台 Zaarly 的董事，这很容易人们将这家公司与惠普或是 eBay 联系起来，因此，这就向市场发出了一个信号：Zaarly 是一家非常有想象力的公司。大多数人会认为，作为领导 eBay 成为全球电子商务顶级企业的管理者，惠特曼当然了解 Zaarly 的业务，而以董事会成员身份加入这家公司，则意味着她对公司的认可。不过，切莫盲目遵从这一观点，因为一位著名管理者加入某家公司的董事会，这本身不能保证任何事情。归根到底，还需要创始人自己去创建业务。

董事会由股东选举产生，董事对公司承担受托义务，董事会拥有一整套正式的责任义务体系。布拉德·菲尔德在《创业董事会：充分利用董事会》（*Startup Boards: Getting the Most Out of Your Board of Directors*）一书中对这些责任进行了详细讨论。[11]尽管创始人可以控制公司的董事会，但作为一家创业公司的首席执行官，不管他是否是公司的创始人，还是要向董事会报告工作。归根到底，董事要对公司的某些行为负责，因此，他们必须认真履行职责。

顾问也可以发挥类似于董事的作用，但他们不承担任何责任。他们无需对公司承担受托义务，而且很少会因公司行为而面对任何法律风险。此外，创始人和首席执行官可以自行增加或取消顾问委员会，因为顾问委员会的职责是为创始人或首席执行官服务，而非相反。

顾客

在过去20年里，最伟大的创业范例之一，就是顾客在创业公司诞生过程中扮演的角色。在20世纪90年代末的网络泡沫时期，投资者的作用只是证明。也就是说，他们的出资并不是为企业提供资源，而是被视为对投资本身的验证，很多创业者在大部分时间里都在寻找资本。在不到20年之后，王者变成了顾客，而不再是投资者。

很多原因促使创业者必须强调顾客，但最主要的原因体现为，只有顾客才能证明你创造的产品是他们所需要的。当顾客愿意为你的解决方案付费时，哪怕只是原型，也意味着这是一种尚未得到满足的需求，而且这也是一种令人信服的早期反馈。

今天，创始人的信条已成为“尽早推出，经常推出”。史蒂夫·布兰克和埃里克·莱斯都曾打出史蒂夫的口号“走出办公室”，并在世界各地的创业企业中推行这种思想。史蒂夫经常会说，“如果不能首先与顾客接触，任何产品都无法生存”。因此，不要总是在私下里认为自己的创意就是最好的解决方案，彻底抛弃这种观念，尽快、尽可能地经常把自己的产品或服务放到顾客面前。

从这个角度看，顾客已成为早期团队中的一个重要组成部分。因此，如何招揽这些早期的传播者、采用者或测试人员，这本身也已成为一种艺术。实际上，这也就是最近被很多创业者称为“增长黑客”（growth hacking）[12]的概念。要认识到顾客不断变化的角色，投资者就需要经常围绕早期采用者提出如下问题：

- 我们能否识别潜在的用户和顾客？
- 我们能否以低成本的简单方式接触他们？
- 你的解决方案的使用者有哪些共同特征？

除作为用户之外，当下的顾客还是共同创始人。在我们将视频上传到YouTube时，我们就是在创造我们正在使用的产品。用户原创内容（UGC）的理念对企业来说非常重要，以至于《时代》(*Times*)杂志将“你”这个虚拟代词评选为2006年年度风云人物。Facebook、Instagram、YouTube、亚马逊和谷歌等公司以非常巧妙的手段将顾客变成自己的资产和共同创作者。UGC已扩散到所有公司，我们可以看到，Mountain Dew、菲多利（Frito－Lay）、耐克和百思买（Best Buy）等知名品牌，均在利用顾客帮助他们进行产品开发和产品的创意推广。

此外，对很多创新产品而言，顾客还通过所谓的新型众筹融资方式成为创业者的主要资金来源。这种融资方法最早由 Kickstarter 推出，随后，包括从事众筹平台的 Indiegogo、Crowdcube 和 Betabrand 等其他很多公司纷纷效仿，并通过众筹模式提高了顾客在创业中的参与度。这些公司允许个别顾客投入少量资金，为解决方案的创建提供资金。Pebble 智能手表就是一个典型案例，由于创业者最初没有获得风险投资，因而采取了众筹方式。但是在 2012 年 4 月，他们将手表与智能手机互联的创意发布在 Kickstarter 上，目标是筹集 10 万美元。在 30 天的时间里，他们便接到价值 1 300 万美元的订单，而且全部是在尚未生产出产品的前提下。最近，身兼创业家和投资家双重身份的亿万富豪马克 · 库班（Mark Cuban）指出了 Kickstarter 的重要性，他说："Kickstarter 应该是每个创业公司不可或缺的工具。它是你在不放弃任何股权的情况下创造需求并销售产品的一种方式。"[13]

社会资本

虽然我们可以通过 Facebook 和领英上的社交图谱实现一部分社交网络功能，但现实中的社交网络并不局限于你在这些平台上联系到的人，它还包括你的朋友、家人以及你在公园遇到的创业者。

社会资本（social capital）是指包含在社交网络中的商誉。拥有大量社会资本的创业者可以更轻松地从社会网络中获得帮助和支持，放大社会资本中包含的实际资本数量。即使你的公司资金充裕，但是当你试图说服记者报道你的企业，或是让潜在顾客试用你的产品时，这种货币资本的作用可能完全不同于社会资本。社会资本可以让创业者利用其关系推进创业进程，并更有效地利用稀缺的财务资源。

今天，有关社交网络概念的文献已经越来越多。在过去的几十年里，这些文献对社交网络的好处和用途进行了深入探讨。例如，马克 · 格兰诺维特（Mark Granovetter）研究了社交网络对求职的影响。[14]格兰诺维特发现，很多职位信息并不是来自你的朋友和家人（强联系），而是来自朋友的朋友（弱联系）。这一观点已逐渐形成了所谓的"弱联系"理论——它表明，你和自己的朋友及家人获得的是类似信息，而弱联系则会给你带来社交网络之外的知识。

作为与很多弱联系实现连接的社交网络节点，创业者会得到新的信息和更多的强联系，这不仅有助于向外部传递成功信号，也增强了创业者获得关键性资源（如人才）的能力。如果创业者善于通过社交网络利用社会资本，而且这种能力又得到公认，那么，他们更有可能受到投资者的青睐。

投资者喜欢他们自己了解，且本身又熟知内幕的创业者。如果创业团队的某个成员拥有广泛的知名度，那么，这不仅可以提高媒体的关注度，还有助于提升其他人对创业公司的印象。这些知名人士可以是创业公司中的顾问、董事或投资者，他们的价值就在于增加了你的社会资本。投资者会认为，他们就是公司的一种强大资源。

注释

1. 摘自："A Book in Five Minutes," Tech Cocktail, October 14, 2013, http://tech. co/founders - dilemmas - noam - wasserman - 2013 - 10.
2. 肖恩 · 怀斯教授主持的"赤裸企业家"，2013 年 2 月 3 日采访迈克尔 · 彼得罗夫的节目：http://nakedentrepreneur. blog. ryerson. ca/2012/ 02/03/episodevideo - michael - petrov - acquiring - users/.
3. "创智赢家"创投真人秀节目，第四季第十期。
4. Jim Collins, *Good to Great*: *Why Some Companies Make the Leap . . . and Others Don't* (New York: Random House, 2001).
5. Marten Mikos 对此做了非常精彩的阐述：http://www. youtube. com/watch? v =KpgnyBD9J5g.
6. "龙之穴"创投真人秀节目，第三季第四期。
7. 感谢来自 IA 风险投资公司的 Roger Ehrenberg，他在 Quora 网站上发布了对这个问题的解答：https://www. quora. com/When - pitching - to - aninvestor - how - does - one - answer - the - question - Whats - to - stop - Facebook - from - just - implementing - this - feature.
8. Sean Wise, "The Talent Triangle," *Globe and Mail*, May 17, 2006, http://www. theglobeandmail. com/report - on - business/the - talenttriangle/article1099632/?page =1.
9. "龙穴之"创投真人秀节目，第三季第十期。
10. "创智赢家"创投真人秀节目，第五季第一期。
11. Brad Feld and Mahendra Ramsinghani, Startup Boards: *Getting the Most Out of Your Board of Directors* (Hoboken, NJ: John Wiley &Sons, 2013).

12. 有关“增长黑客”的详细解释，参见瑞恩·霍利迪（Ryan Holiday）的专著：*Growth Hacker Marketing*：*A Primer on the Future of PR Marketing*，*and Advertising*（New York: Portfolio/Penguin, 2014).

13. Max Nisen, “Mark Cuban: ‘Kickstarter Should Be a Requirement for 100 Every Startup,’ ” *Business Insider*, January 4, 2013, ww. businessinsider. com/cuban－kickstarter－should－be－arequirement－for－startups－2013－1.

14. Mark S. Granovetter, “The Strength of Weak Ties,” *American Journal of Sociology* 78, no. 6 (1973): 1360 － 1380. 全文见：https://sociology. stanford. edu/sites/default/files/publications/the_strength_pdf.

第六章 痛　点

Startup Opportunities:
Know When To Quit Your Day Job

“你的产品是维生素还是阿司匹林呢？”这是创业过程中始终存在的的一个问题。底特律风险投资合伙公司（Venture Partners）的执行合伙人约什·林克纳（Josh Linkner）在博客中对此进行了解释：虽然维生素有助于健康，但缺乏即时性。因此，对于大多数人来说，维生素只是备选的。相比之下，阿司匹林则能解决眼下最难当的痛苦，因而更容易销售。

约什认为：“与那些产品可有可无的企业相比，满足人类紧迫需求和内在需求的企业往往能以更快速度增长，而且对营销投入的要求也相对较小。”[1]

在经济学中，维生素和阿司匹林之间的差异体现为需求的价格弹性——即，产品需求的数量在特定价格水平上的变动量。随着产品价格的上涨，消费者购买产品的数量通常会减少。当价格对需求量的影响很大时，经济学家就会认为，这种产品的需求有较大的价格弹性。冰淇淋、时尚服装和房地产都具有很高的价格弹性。相比之下，水、空气和生活必需品的价格需求则是完全非弹性的。

弹性取决于价格和需求。商品的需求越没有弹性，买方就会购买越多的商品。例如，每个人都需要呼吸氧气，因此，氧气的需求价格是没有弹性的，我们会付出任何代价来呼吸。尽管氧气无处不在，但它的需求依旧是非弹性的。取之不尽的供应使得我们可以享受免费的氧气。但是，假如没有足够的氧气供给，我们会不惜一切代价去购买氧气。

如果一种产品的需求是有弹性的，那么，需求就会对价格非常敏感。以冰淇淋为例，我们为一支冰淇淋愿意支付的价格可能在 1 ~5 美元之间，具体取决于冰淇淋的品牌和份量。但是理性的前提下，我们绝对不可能为同样的冰淇淋支付 100 美元的价格。

亚伦 · 马里诺开发的产品“Alpha M”是一套以帮助男士改善外部形象的 DVD 资料。[2] 尽管马里诺认为寻求改善形象的男士是一个商机，但他错误地以为自己的解决方案是阿司匹林，而不是维生素。 他的创意在“创智赢家”遭到拒绝，并被告知，虽然他的 DVD 套装是“好东西”，而显然不属于“必须拥有的东西”。 而且评委们一致认为，297 美元的定价太高了，以至于他们根本就不认为这款产品会有人购买。

与市场对维生素的需求相比，对阿司匹林的需求显然更缺少弹性。 阿司匹林是你在遇到问题时必须拥有的东西。 相比之下，虽然维生素确实是好东西，但却不是必需品。 阿司匹林是一种需求拉动性产品，也就是说，客户确实需要这种产品。 相比之下，维生素是一种供应商推送性产品，需要广泛的营销才有可能将产品出售给消费者。

朱莉 · 德沃（Juli Deveau）和奥兹玛 · 汗（Ozma Khan）开发的“Kookn’Kap”品牌，是一款现代版的厨师帽。[3] 这种厨师帽可以防止厨师的头发沾染食物的味道，保持厨师的头发不会被溅到食物。 朱莉和奥兹玛的产品解决了一个小型细分市场上的小问题，作为次要的收入来源，这款产品的确不错，但是在目前的形势下，它还不是一个值得投资的项目。 “Kookn’Kap”既不是糟糕的产品，也不是没有任何意义的解决方案，但它毕竟只服务于一个非常小的市场，增长潜力有限。 凭借这样一种仅限于细分市场的小机会，最多也只能打造一家成功的小企业，但它显然不具有可扩展性，因而也不值得投资。

与此相反的是 Netflix，它允许用户以固定收费观看无限量的视频内容，而且无任何错过惩罚。 对某些人来说，Netflix 是一种维生素，为他们增添了日常生活的享受；而对另一些人来说，Netflix 则是阿司匹林，它解决了错过即付费的痛苦和马上看到视频的急切。 但无论是哪一种情况，它都意味着一个巨大的市场。

价值主张在很大程度上依赖上环境，它取决于你的主张对象是谁，以及你在什么时候做出主张。 在经济衰退期间，阿司匹林通常是所有人都关注的。 在经济上行期间，维生素通常会受到市场青睐，因为人们正在寻找他们还不知道是否需要的新事物。 但是，在任何情况下，阿司匹林都会比维生素更容易销售。

令人信服的未满足需求

能否落脚于清晰的痛点或是未满足的需求，这一点至关重要。 痛苦越强烈，你的产品就越有可能与顾客形成共鸣。 我们可以选择以低成本解决方案进入非常大的市场，也可以用成本高昂的解决方案面对细分市场。但无论采取哪种方式，我们的顾客都应该认为我们是解决他们大问题的解决方案。

在许多情况下，这种痛苦来自于我们的亲身经历。电子邮件服务平台 SendGrid 的创始人之一、艾萨克·萨尔达纳称这个过程为“寻找痛苦”。[4] 谈及如何解决现实的问题，图片制作及分享移动应用程序 Instagram 的创始人凯文·斯特罗姆（Kevin Systrom）和麦克·克里格（Mike Krieger）说：“每个创业公司都应该解决现实世界中清晰可见的真实需求。如果你创造了一个可解决很多人共有问题的方案，那么，你就可以轻而易举地将产品销往世界各地”[5]

通常，这种巨大的未满足需求并不明显。Drop Stop 是由马克·纽伯格（Marc Newburger）与杰弗里·西蒙（Jeffrey Simon）创建的一家汽车零部件公司，其产品主要用于连接汽车座椅和控制台。[6] 这款产品适用于任何型号的轿车和卡车，它可以防止外物掉进座椅和控制台之间的空隙。最初，他们的创意受到“创智赢家”评委的质疑，直到评委发现，创始人已经销售了超过 25 万套产品，销售额已超过 130 万美元。这表明，尽管 Drop Stop 尚未完全成型，但它的确满足了一种令人信服的未满足需求。

要判断未满足市场需求的总体规模，我们不妨提出如下三个问题：①有多少人在遭受即将由你解决的痛苦？②每个使用者感受到的疼痛强度是多少？③这种痛苦是一次性的，还是重复性的？

规模

如果未满足的问题不够普遍，那就很难创造出一家有足够影响力的企业。如果你解决的痛苦影响到的人群数量有限，或是影响的深度不够，那么，你的方案就很难获得足够的市场吸引力。即使当前解决方案非常完善，疼痛或许也不足以证明创业者解决方案的必要性。承受痛苦的潜在客户数量总额也就是说所谓的“总的可获取市场规模”（TAM）。但 TAM 并不是决定市场规模的唯一要素。

我们继续以健康问题打比方，不妨以头痛与麻风病的对比为例。简单的头痛药剂市场是非常巨大的，因为全球出现头痛症状的人不计其数。相比之下，麻风病带来的痛苦要超过普通头痛数千倍，但由于患麻风病的人口总数非常有限，因此，TAM 非常小。然而，麻风病的影响显然要重要得多，而且患病带来的痛苦也远比头痛严重得多。虽然用于治疗头痛的药物拥有大得多的 TAM，但由于其价格和需求弹性方面存在严重不足，因此，治愈麻风病的解决方案有可能是更好的商机。患有麻风病的人愿意为药品支付的单位价格要远远超过人们愿意为头痛治疗药品支付的价格。

如果未满足的市场需求不可彻底解决，而只能暂时缓解，那么，这种未满足需求的规模就会逐渐扩大。一粒阿司匹林可以解决今天的头疼问题，但你不可能只买一粒阿司匹林，因为头痛还会发作，因此，患者通常会购买一瓶阿司匹林。这种痛苦的反复增加了机会的总体规模，它可以让你将相同的商品反复销售给同一顾客。不妨再以汽车和汽油为例。汽车可以解决长途旅行问题，但是只须购买一辆汽车，顾客就可以满足长期需求。加油站解决了汽车的加油问题，但顾客必须反复地为汽车加油。

创业者的观点：DailyWorth

阿曼达·斯坦伯格（Amanda Steinberg）

DailyWorth. com 是全球顶级的女性理财学习平台。早在 2008 年，我突然之间想到了这个创意。我当时还是一名计算机程序员，每年可以赚 20 万美元，但长久以来养成的大手大脚的花钱习惯，已开始让我难以担负抵押贷款了。我没有一分钱存款，我曾为了在专业上有所建树而勤奋工作，但经济压力却让我难以承受，这的确让我有点不甘心。我记得在那段时间，我曾与洛杉矶的朋友利亚谈起这种状况，当时，利亚刚刚被任命为一个资金实力雄厚的非营利组织的执行董事，这家机构只有七名全职员工。她告诉我，她也无法支付工作室的租金，因为她在这家机构的薪水很低，根本就不足以满足需求。显然，我们的经济状况似乎与我们在职业领域取得的成功并不匹配，因此，我们有必要为女性职业人做点事情。

作为一个只有二十几岁的创业者，我一再认识到，只有在市场上解决实际问题，企业才有可能成功。尽管我们都有高学历、持之以恒的工作精神和雄心勃勃的抱负，但我仍然不断反问自己，也不断地与女性朋友讨论我们的生存和事业问题。作为寻找大的社会问题并通过商业途径解决它们的企业家这个信号对我来说太大了，让我无法忽视。所以，我不只是谈论或继续抱怨这个问题，我决定做一些事情。

在过去十几年里，我已经创建了六家公司。其中，两家公司的收入超过50万美元，由于没能继续扩大，因此，我关闭了这两家公司。另三家因不被用户接受而失败。作为我第六家公司的DailyWorth，则因为具备企业成功所需要的全部要素而得到了认可，即，它解决的是一个现实存在的问题；面对的是一个巨大的、尚未开发的市场；拥有得到验证且能快速扩展的商业模式；具备了清晰明确的收入渠道。

投资人的观点：DailyWorth

乔安妮·威尔逊（Joanne Wilson），天使投资人

我刚刚才开始涉足投资。也许在遇到阿曼达的那一刻，我就已经收获颇丰厚了。在午餐之前，我还不知道阿曼达已经在向我推销她的创意了。但我的朋友霍华德·林登（Howard Lindzon）已经做出投资，并邀请我和她见面。原本一个小时的午餐延长到两个小时，这就是人们所说的志同道合者相见恨晚的故事吧。

毫无疑问，她选择的时机是有道理的，因为更多的女性不仅开始在经济上实现自我独立，还要承担起整个家庭的财务。在某种程度上，妇女甚至已开始比男性承担起更多的责任，所有统计数据都说明了这一点。妇女也需要社区，需讨论这个话题——这是一个基本上被掩盖，而且几乎只适合于男性的话题；对于女性来说，似乎不存在这个话题。但事实上，女性也喜欢讨论、取得反馈、理解和探索问题。因此，DailyWorth的推动女性参与教育、讨论和解决自身财务问题的概念，恰恰迎合了这种思潮。

毋庸置疑，问题的核心不在于想法，我投资的是人。阿曼达已经创建了几家企业。她是一名工程师，所以，她了解产品，她还可以创造产品。她不仅拥有坚韧的毅力和过人的智慧，还拥有将（会给人留下深刻印象）想法转化为清晰形式的超群表达能力，当然，更重要的是拥有埋藏在心中的无限激情，她有强大的内心世界。我毫不犹豫地答应了，而且午餐之后就会进行投资。

我参与了阿曼达的项目，并成为她的董事会成员，直到今天，我还与阿曼达保持沟通，并为她提供反馈和建议。对我来说，是否投资已完全不再是我考虑的问题。相反，我的唯一主题就是投资于有计划、有思想、有激情的创业者。找到这样的创业者，而且凭直觉认为他们必将排除万难而成功，就是最令我兴奋的事情。当然，前提是我了解他们的企业，而且对业务的未来充满信心。归根到底，我认为投资的唯一标准就在于创业者自身。

持久性和及时性

当奥巴马在2008年当选美国总统后，印有“是的，我们可以做到！”的T恤衫供不应求。两年后，随着总统的支持率降至历史新低，这些T恤衫根本就卖不出去。所以说，这个“是的，我们可以做到！”的T恤衫代表了一种有时限性的商机，换句话说，这个机会不具有持久性。

在电影《回到未来》(*Back to the Future*)中，男主人公回到1955年的高中毕业舞会，演奏了一首吉他曲。听众合着曲子翩翩起舞，乐队成员的脸上绽放笑容，他的演奏让听众如痴如醉。随后，马蒂开始疯狂地敲打吉他，在舞台上滑行，手持话筒上蹿下跳，趴在地板上爬行。在演奏到高音时，他意识到，所有观众都在用恐怖和震惊的目光瞪着自己。随后，他说：“我猜你们还没有准备好，但你们的孩子肯定会喜欢。”有的想法确实是超前于市场。

从2004年至今，随着“Facebook”的出现及其强势崛起，与普通公众对社交网络的追捧以及计算机、宽带和移动互联网的普及不谋而合。这就让社交网络逐渐成为一个热门市场。进入这样的市场当然值得庆幸，因为近乎疯狂的买家为争夺产品而导致需求暴涨。在一个热门市场里，即使你的企业还没有做到最好，但依旧可以让你稳赚不赔。换句话说，时机非常重要。

在1955年那个时候，摇滚乐还是一个新兴的热门趋势。但拿着话筒上蹿下跳这样的表演方式显然不能被观众所接受，因为这样的表演是在20世纪80年代中期以后因朋克和重金属的出现才成为摇滚乐的一部分。最适合创建新业务的外部环境，就是一个即将进入火爆状态的市场。

我们可以通过从媒体、办公室的闲聊或是观察市场以及人们的行为寻找市场热点，趋势变化的信号无处不在。Google Trends 就是一种非常有价值的在线工具，它列示了过去一天搜索频率最高的前一百个词汇，它是了解当下人们兴趣点的一个好方法。在当今竞争日益激烈的全球创新环境中，创业者不仅要迅速启动、进入上市、抓住需求，还要确保需求具有足够的持续时期，以便于创业公司能通过这种需求实现利润。1999 年，很多公司专注于制作解决电脑新千年日期数位问题的软件，而且它们的市场的确火爆得令人难以置信。但是到 2001 年，这些公司已基本不复存在，因为它们解决的问题本身就不具有持续性。

创业者的观点：Twilio

杰夫·劳森（Jeff Lawson）

我们创建 Twilio 是为了解决自己的问题。我是一名工程师，曾多次创业，在 Twilio 之前，我已经开办了三家公司。我发现，我的职业生涯始终贯穿着一条主线：作为一名软件工程师，我发现，网络提供了一系列神奇的机会，让我可以利用软件创造价值、开辟市场以及改变行业运行方式。对每家公司而言，我都需要将沟通纳入业务流程或应用程序。但迄今为止，我还没有找到一种足够简单、灵活的软件模式，来实现与客户、供应商以及用户的实时通信，而且也没有大型系统化电信解决方案的支持，也不知道该如何做到这一点。因此，我们怀疑，在这个世界上，还有很多像我们这样的软件从业者，在为公司解决问题时，会遇到实时通信方面的障碍。早期的顾客研究既已证实了这种疑虑。

当我们静下心来，思考我们为什么会在职业生涯中反复遇到这个问题、产生这种需求时，问题便会逐渐变得清晰可鉴。所有企业都需要沟通——因为这是人类体验的核心。无论是我们与客户或是用户之间的沟通，还是员工之间或是员工与供应商之间的沟通，它们都是创造业务的契机和起点。作为软件人，我们正在利用网络和移动软件重新塑造很多行业。如果开发人员的软件工作流程中发生某个事件，你让他们发送一封电子邮件，他们会毫不犹豫地回答："没有问题。"但如果你要求他们发送文字短信或打电话，他们可能会用异样的眼光瞪着你。即使开发人员能克服地域限制打电话或是发短信，但一个国家能解决的问题却有可能是其他地区无法解决的。

但直到公司成立几年之后，我们才意识到机会的存在——顾客群体的广度以及他们在使用 Twilio 前为寻找其他方案所付出的代价，这就是实实在在的证据。新的商业图景正在形成：作为一个价值 2 万亿美元的行业，通信行业正在经历一场千载难逢的变革，从以硬件为主的传统行业转变为一个以软件为核心的全新行业。瞬间，在这个由软件决定的新型通信行业中，API 成为主旋律，并成为这种大变迁的先头军。直到此次，一个完完整整的机会才呈现在我们面前。

每当有新想法的时候，我都会与顾客或用户分享，毕竟，他们的问题就是我需要解决的问题。通常，我只会得到不温不火的回应。如果在他们的反馈中发现趋势，我就继续跟进。但对于 Twilio，我们和开发人员进行了交流，并提出创建基于云计算的平台概念，试图借此将实时通信转化为切实可行的技术。每次我和某个人交谈时，我会发现，我们的潜在顾客都在用心思考，将我们的解决方案与他们在以前生活中遇到的问题联系起来。在数次这样的经历之后，我放弃了手上的工作，以全职形式投入对 Twilio 的开发，而且再未回头。

投资人的观点：Twilio

克里斯·萨卡，来自 Lowercase Capital

公共电话交换网络已成为传统电信和现代网络的灾难性结合。在谷歌工作期间，我曾参与谷歌聊天的创业团队，并亲身体会到，对没有接受过专业培训的团队来说，光纤之前的全球电信网络传统界面就像是一个迷宫，他们几乎根本就不可能融入于其中。当寻找有经验的电话工程师来处理这个问题时，我们几乎无计可施，因为许多人实际上已退休几十年之久，现在，他们要拾起已放手几十年的基础设施。

在离开谷歌后，我回到家乡，帮助独立从事律师业务的爸爸搬进新办公室。当地一家企业曾开价几千美元为他建立一套电话系统。略懂技术的我还天真地以为，我用几个小时就可以搞定，可为我的老父亲节约一大笔钱。于是，我钻进他的储物间，但让我大跌眼镜的是，那里有几十根铜线，毫无规律地缠绕在一起。而且他的办公楼只有四个房间！我根本就派不上用场。

与此同时，我深切地感受到，作为互联网的主要接口，移动业务将会出现爆炸性发展。以前，我曾在谷歌领导一个开发无线业务的小组，我在那时就已经感受到无线业务的飞速增长态势。我还曾对 Twitter 做了一笔天使投资，并担任公司的咨询顾问，这让我亲身感受到文本信息服务在消费者应用层面的巨大力量。正是通过这个角色，我才认识到提供文本信息服务的成本是多么的昂贵，因为 Twitter 为发送这些简单消息需要向运营商支付巨额费用。如果了解一下 Twitter 的发展史，我们会发现，短信业务的费用差一点让公司破产。因此，在遇到杰夫时，我马上就深切地认识到 Twilio 要去解决的问题。他和他的团队已完成了全部最艰难的核心性电话工程，因此，任何具备 HTML 基础知识的开发人员（或者说像我这种装腔作势、自以为无所不知的人），都可以毫不费力地搭建以前让人望而却步的服务阵列，几乎和我从前在代码领域中见识的魔力一样神奇。最有说服力的验证，就是杰夫在畅谈公司未来的同时，只用 10 分钟便使用 Twilio 的工具完成了 Google Voice 的活代码克隆，这的确令人瞠目结舌。

从投资者的角度看，与杰夫的合作是一个梦幻般的机会。因为你拥有的是一位成就斐然并具有超常编码能力的工程师。在此之前，他刚刚退出一家企业，随后来到一家大企业，开始更大规模的尝试。从一开始，他便放眼长远，从长计议这项事业，这毕竟不是一时之事。杰夫为人无忧无虑、谦虚低调、喜欢自嘲。他的积极态度极富感染力，任何人都无法抵御其对解决问题的激情。作为创始人之一，杰夫会让所有人感受到，只要所有人全力以赴、齐心协力，企业的成功注定不可避免。现在想来，我唯一遗憾的就是当时没有投入更多资金。

注释

1. Josh Linkner, “Aspirin or Vitamins?” Josh Linkner’s blog, March 25, 2012, http://joshlinkner.com/2012/aspirin-or-vitamins/.
2. “创智赢家”创投真人秀节目，第四季第二期。
3. “创智赢家”创投真人秀节目，第五季第三期。

4. David Cohen and Brad Feld, *Do More Faster* (Hoboken, NJ: John Wiley & Sons, 2011), 11.
5. Dan Schwabel, "What Gen Y Entrepreneurs Can Learn from Kevin Systrom," Forbes. com, June 27, 2012, www. forbes. com/sites/danschaw - bel/2012/06/27/what - gen -yentrepreneurs - can - learn - from - kevin - systrom - interview/.
6. "创智赢家"创投真人秀节目，第四季第 20 期。

第七章 产　品

Startup Opportunities:
Know When To Quit Your
Day Job

史蒂夫·乔布斯曾有一句名言，大意就是：他不会听顾客说什么，因为顾客根本就不知道自己需要的是什么。而他说的实际上比这句话更深入。

这也是顾客给我们的回报——穷尽细节，费尽脑筋，最终可以驾轻就熟地使用我们的电脑。这原本应该是我们的优势，这并不意味着我们没有必要倾听顾客的心声，不过，他们也的确难以说清在不可知的遥远未来到底需要什么。以笔记本电脑的视频编辑为例。从来没有人提出过要在电脑上编辑电影的请求。但是现在，当人们看到视频编辑软件之后，他们会说："哦，我的天啊，太棒了！"[1]

许多企业依赖的运营原则是客户最了解自己的需求，因此，每当我们面对新的产品或新的创意时，起步必须是大量的顾客研究、焦点小组和市场数据。显然，这与乔布斯的观点截然相反。因此，许多企业家忽视传统观念，尤其是在创新方面。

无论采取何种方式，我们总可以用最基本的方法了解自己的产品为什么会有价值，以及价值如何产生，特别是在尝试进入现有市场并颠覆现有竞争对手时，这一点尤为重要。

10 倍法则

10 倍法则的含义是，要推翻市场领导者的统治地位，你的解决方案至少应比现有产品好出 10 倍。仅仅是稍微更好点、更快一点、更强一点或是成本效益更高一点，显然还远远不够。获得一个有人愿意掏钱支持的创意确实是一个不错的开端，但如何从想法到产品来吸引投资者的资金，就需要考虑 10 倍法则了。

不妨考虑几个符合 10 倍法则的解决方案。电子邮件已非常普遍，因为它的传输速度高出传统邮件远不止 10 倍，相比之下，传统邮件则被戏称为“蜗牛”邮件。维基百科拥有的文章数量远超过《大不列颠百科全书》的 10 倍。亚马逊网站出售的书籍数量远不止世界最大实体书店[2]（位于肖恩的故乡多伦多市中心）的 10 倍。最初苹果 iPod 存储的歌曲量也超过索尼“随身听”的 10 倍。还记得本书前面所述快速发展中的 Instagram 吗？在接受采访时，当被问到针对 Instagram 只是一种功能而不是产品的批评时，作为创始人之一的凯文 · 斯特罗姆对克里斯 · 迪克逊(Chris Dixon)说：“你必须盯住一个比任何人都擅长的有针对性的小问题。”

谷歌的搜索引擎不仅比其他现有搜索引擎的速度快出 10 倍以上，而且能带来至少好于 10 倍的搜索效果。谷歌的 Docs 最初是免费的，与当时微软 Word 的解决方案相比，在成本上自然是低了无数倍了；与亚马逊网站强大的选择功能相结合，Kindle 彻底改变了出版业的现有格局，可以根据读者的成本和兴趣需要提供数百倍的可选结果。在某种程度上，这种数量级上的改进往往是一种强大的杠杆。

研究企业的学者们将这种具有指数数量级的破坏称为创造性破坏（creative destruction），而约瑟夫 · 熊彼特(Joseph Alois Schumpeter)[4] 则认为，这种创造性破坏才是创业创新的核心。熊彼特指出，一旦这种具有指数级改善效果的解决方案得到彻底采纳，就会颠覆现有市场领导者的地位。

要了解创新是如何迅速摧毁现有市场上的巨人，Netflix 和 Blockbuster 的故事就是最有说服力的案例。Netflix 最初的商业模式就是以 DVD 在线租赁为基础，通过邮寄发送，且不收取滞纳费用。随着 Netflix 的业务高度普及，视频点播开始进入互联网，于是，Blockbuster 的好日子也就到头了。为什么要去视频商店呢？为什么要支付逾期费用呢？为什么要忍受找不到所期待电影的折磨呢？为什么要离开沙发去到处寻找想要看的电影呢？随着这些问题的一一解决，Netflix 被市场迅速接纳，在不到五年的时间里，Blockbuster 便宣告破产。

采纳速度

采纳速度是对被市场接纳的新解决方案在全部市场总量中占有的百分比的衡量。突破性技术服从于埃弗雷特 · 罗杰斯（Everett Rogers，1976）的创新扩散理论（Diffusion of Innovations Theory），[5] 该理论的内涵如下文所示。

罗杰斯的创新扩散理论

罗杰斯的理论认为，新出现的创新并不是被全部人群同时接纳的。相反，新技术的采纳遵循所有创新都需要经历的既定途径，也就是说，达到市场饱和程度所需的时间不尽相同。创新的第一批采纳者是创新者自己以及早期的采纳者。由于产品是在顾客反馈的基础上快速演进的，因此，这个第一阶段往往需要一段时间。随着早期的众多跟进者开始接受产品，产品开始取得更广泛的适用性，并在得到后期的众多跟进者接受时，成为市场的领先产品。

以 Facebook 为例来解释创新扩散理论，创新者是来自哈佛及其他几所大学的学生。早期的采纳者则是分布在美国各地的学生；早期的众多跟进者是指活跃的计算机用户，包括年轻的成年人和技术性企业的管理者。随后，他们的父母开始突然加入这个大军。当他们的祖父母也开始使用 Facebook 时，产品即取得发展后期的众多跟进者，产品也随之进入增长曲线的后半部分。尽管市场份额迅速增长，但它依旧遵循罗杰斯的创新扩散理论。

破坏性技术则以不同速度体现出罗杰斯的产品发展曲线。这一速度与需求的价格弹性以及 10 倍法则相关，因为技术的破坏性越大，其被采纳的速度也越快。图 7 – 1对 20 世纪美国各种新技术的采纳速度进行了比较。

由图中，我们可以看到：

- 新技术的采纳速度持续增加——从电话的 71 年缩短到 MP3 播放器的 6 年。
- 技术正在实现自我强化——没有计算机，我们就不可能有互联网；没有电力和电话，就不会有计算机。

- 解决方案的潜在影响力持续增强，技术的传播速度不断加快。

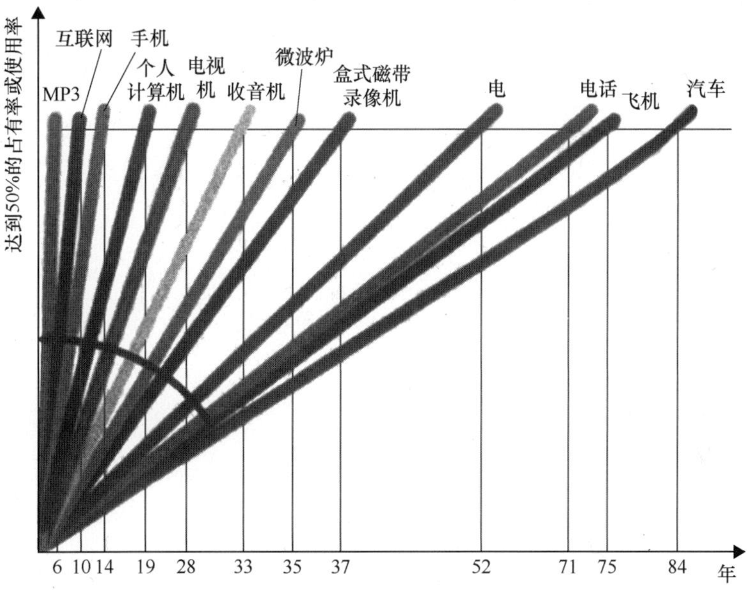

图 7－1　美国的新技术采纳速度

资料来源：图中数据来自美国消费电子协会、美国人口调查局、《福布斯》以及国家有线电视协会

知识产权

知识产权是指发明者依法获得的一系列权利，它在机会评价中发挥着重要作用。广告人可以因为酷炫的口号而获得商标权，商标权可以限制其他人使用这个口号。发明人可以因为一项新颖的发明而获得专利权，在专利权保护期限内，任何人要使用该项发明，都需要向发明人支付费用。 在理论上，知识产权的意义在于通过确保发明人独享劳动成果而刺激创新。

知识产权保护法是从属于商业法的一个子集。 目前已形成很多不同形式的知识产权保护机制，包括专利权、著作权、商标权和商业秘密，其保护方法和性质则因不同国家的法律而异。 根据发明者造出的产品类型，不同的知识产权保护方法会带来不同的影响。

专利权保护的是新颖、有实用性且不明显可见的创新。 具体而言，创意不能获得专利权，只有由创意形成的有形化实例才能取得专利权。专利权允许权利所有者在一定时限内以特定方式进行特定事务的排他性权利。在经过特定年限后，专利权到期，该解决方案进入共享状态，这意味着，所有人都可以在未经前专利权持有人的许可时使用该解决方案。

著作权赋予作者在一段时间对其作品享有排他性权利。著作权常用于文字资料、音乐及视频作品。大部分内容行业及其所围绕的基础设施都是建立在著作权概念的基础上。

商标权赋予权利持有者独家使用短语或符号的专有权。例如，耐克对“Just Do It!”以及标志“对勾”享有商标权。它们都是耐克品牌形象的一部分，不能被其他公司所使用。

商业秘密是指公司决定对其业务或产品的某个方面进行保密，以获得并维持其竞争优势。商业秘密往往被视为保密信息，因此，在需要向另一方披露这些时，会与接收方签署一种名为“保密协议”的法律文件，以此保护自身利益。

一些投资者认为，知识产权保护是开展商业投资的必要条件，但也有投资者认为知识产权法已经过时，因而成为阻碍创新发展的桎梏。在当今环境下，知识产权保护的历史观念及其影响正在经历一场大辩论，特别是针对业务流程和软件方面的专利法。[6]

获取关键性资产

一些产品需要获取特定的稀缺资源。例如，高中体育馆每次只能出租给一群人使用。如果提供产品或服务所需要的必要资产极为稀缺，甚至要依赖于垄断团体的允许，那么，必将会让你的产品或服务处于不利境地。

位于温哥华的社交媒体管理平台 Hootsuite 就是一个严重依赖关键性资产的例子。Hootsuite 是一种管理个人 Twitter 账户的工具。因此，Hootsuite 自然会严重依赖于 Twitter。如果 Twitter 限制 Hootsuite 访问其数据，甚至开设竞争性的类似服务，那么，Hootsuite 的机会可能就不复存在。你觉得不会发生这样的事情吗？肯定会发生。许多创业公司试图搭乘大公司的顺风船，利用并受益于市场对大公司的接受和推崇。但大公司有时也会给它们带来逆风。

2014 年 9 月 12 日，凯文 · 罗斯（Kevin Rose）推出应用程序 Tiiny，以更好地

创建和管理小图片及 jpegs 格式的动画。Tiiny 通过“寻找好友”功能调动大规模体验和使用 Instagram 的用户群。至少在 Instagram 终止 Tiiny 的这种能力之前，其表现令人赞叹，但就在启动几个星期之后，Instagram 便彻底切断了 Tiiny 的使用。[7] 这种技术保护主义并不罕见。目前拥有 Instagram 的 Facebook 已终止 Voxer 和 Vine 等创业公司使用其社交图谱，因为它们将对 Facebook 构成直接竞争。

稀缺驱动定价。如果你的解决方案取决于另一种产品，那么，你的公司就会因依赖这种产品而有风险。如果你依赖的产品具有稀缺性，供应商就可以通过大幅提高价格，降低你的产品利润率。

稀缺性同样适用于直接采用的资源。呼叫中心通常需要接受最低工资的员工；移动软件应用程序的开发人员需要兼具移动软件知识和实务经验的程序员。因此，这种人力资源的稀缺性将对利润率产生负面压力。

概念证明——尚未生产情况下的提前推销

所有创业者都相信，他们的产品拥有巨大的潜力。为获得公正的观点，投资者往往需要寻求证明产品是有价值的证据。为推广婚庆商品交易平台 Nearly Newlywed，[8] 杰基·考特尼（Jackie Courtney）不得不说服投资者：女性会购买二手婚纱。虽然考特尼可以利用《华盛顿邮报》（*Washington Post*）上的文章作为创意的第三方验证，但是在向参加“创智赢家”节目的投资者进行推介时，她在 30 天的时间里只完成了四笔订单。报道固然生动有趣，但它们并不能成为概念的证明。因为投资者希望看到的是创意被早期顾客接纳、使用并达成销售。

让顾客在产品尚未成型之前就签约预定产品，这当然是最有力的证据。虽然说让人们在产品还未准备好之前预先订购绝非易事，但 Kickstarter 和创业者在产品成型前开展众筹活动的火爆，足以说明这是可以做到的。最常见的例子就是公寓开发商在破土动工之前进行的预售。他们唯一需要的就是诱人的概念图、一块空地和一个优秀的销售员。反之，顾客可以按折扣价格购买公寓，因为他们需要承担公寓可能无法按预先计划完工的风险。

除需要确认对产品的需求以外，预售产品还有其他优点。我们可以通过预售收取现金，这不仅可以为产品开发提供资金，也可以减少向投资者融资的需求。此外，我们还可以在产品开发的初期阶段吸引顾客，尽早获得反馈，进而改善我们的产品。

在十多年前的网络泡沫破裂之前，概念证明简单得就如同打开电灯开关、看到灯亮起（也就是说，证明技术是行得通的）。但是今天，越来越多的投资者已开始将概念证明的内涵扩大到“打开电灯开关，看到灯亮起来，而且能持续亮下去，并让客户为之支付费用”。

在一场风险投资的年度博览会上，参展企业纷纷向投资者推介自己的项目，肖恩曾见识过一名脾气暴躁的风险投资者，毫无顾忌地告诉推介人——他的项目必然会以失败而告终。他站起身来，隔着裁判台向创业者大喊：“这绝对是一个愚蠢至极的想法，没有人会接受的。你怎么能想象会有人关心你的破东西呢？”但创业者的回答冷静、自信而悠然。被严厉指责的创业者只是淡淡地回答：“因为我们在前 90 天里就卖掉了 1 万套产品。”没有什么概念证明比实际的销售更有说服力了。

毛利率

毛利率是一个会计概念，通常以百分比表示，即，毛利润为产品销售价格与生产成本之间的差额，而毛利率则是毛利润与产品价格的比例。比如说，如果你的产品售价为 100 美元，生产和交付产品的成本为 40 美元，那么，产品的毛利率就是 60%。“高利润率”一词通常是指可持续的高毛利率。

毛利的变化取决于另外两个会计概念：单位用户的平均收入（ARPU）和获取客户的成本（CoCA）。客户获取成本类似于销货成本，因为它们都会随着新用户的获取而增加。

ARPU 是一段时间（通常是年度或月）内的单位用户平均收入。如果你提供的是订阅性服务，那么，每月的 ARPU 就是当月的销售额除以客户的数量；如果你提供的是商业法律服务，ARPU 则是总收入除以接受服务客户的数量。ARPU 代表了每添加一个新客户所带来的额外收入。

CoCA 是一段时间内的总销售收入和营销成本除以同期获得的新客户数量。例如，如果你在一个月内花费 100 美元获得了 10 个新客户，那么，该月的 CoCA 就是 10 美元。

ARPU 和 CoCA 之间的关系可能会变得非常复杂，并依赖于客户的平均销售寿命，进而转化为客户终身价值（CLV）。[9] 虽然每个客户的终身价值绝对值会随时间而变化，但只要特定时期内的 CoCA 大于 ARPU，就说明出问题了。

作为创业者，我们的目标应该是实现可持续的高利润。收入说起来很容易，但企业运行真正依靠的则是毛利润。如果毛利润数字很高，我们就会得到较高的价格弹性，反过来又会限制需要弹性的投资机会。相比之下，如果毛利率较低，那么，我们就必须以大量需求来维持企业的生存能力。

如果一家杂货店按每袋一美元的价格购买苹果，并在一小时后按两美元的价格卖出这袋苹果，那么，苹果的毛利率就是 50%。如果这家杂货店在第二天以每袋两美元的价格购买苹果，并在一小时后按三美元的价格卖出这些苹果，则当天的毛利率为 33%。在这两种情况下，商店的毛利润均为一美元，但第二天的风险相对较高，因为如果不能卖出苹果，商店将损失两美元，而第一种情况下的损失则是一美元。

迄今为止，移动健身业务平台"Tan on the Run"[10]已取得了良好收益，创始人希望采用连锁加盟方式扩大业务。但投资者担心，由于为每个客户服务的成本很高，而难以扩大业务规模。正如"创智赢家"节目中的投资者凯文·奥利里 (Kevin O'Leary) 告诉她的那样："所有发生的费用、创业过程所耗用的时间以及随后的反复，都要考虑在价格内。这意味着，如果我换一个地方提供相同的服务，你的盈利就会减少 30%。也就是说，你收取的价格是相同的，但却要为此做额外的工作。但如果将所有服务固定到同一个位置，像瓶子一样把它们排列起来，就可以一次性将所有瓶子打倒。"

"双重收费"的概念可以增加固定 CoCA 情况下的 ARPU。也就是说，在你对产品进行双重收费时，可以一次性完成产品，获取客户，然后，向同一客户重复销售产品的附加版本或附带品。

双重收费的一个绝佳示例就是"宝贝爱迪斯科"（Baby Loves Disco）[11]舞会。创始人希瑟·墨菲-蒙蒂斯（Heather Murphy-Monteith）和安迪·赫维茨（Andy Hurwitz）乘坐定做的迪斯科面包车巡游全国，为不同家庭提供量身定做的聚会。两位创业者以三种不同方式获得收入：①门票销售；②商品；③以家庭为导向的产品赞助。他们举办的聚会次数越多，每笔收入带来的利润就越多。实际上，肖恩也可以通过参与过的五季"龙之穴"实现双重收费甚至多重收费。他因为支持这个节目而获得收入；凭借针对节目做出的主题演讲而取得收入；而将自己的经验转化为这本书的内容，则让他再次拿到收入。

可扩展性

可扩展性（scalability）是指创意机会具有收入增长速度超过相关成本增长速度的能力。对于具有可扩展性的产品，利润率会随着数量的增长而增长。“软件即服务”型产品往往具有高度的可扩展性，因为它们可以在不显著增加单位成本的前提下添加新客户。相比之下，律师事务所往往不具有明显的可扩展性，因为对一名律师来说，要从收入赚取更多的利润，他就必须工作更长的时间，或是每小时收取更高的费用。

可扩展性与可变成本高度相关，可变成本是与已销售产品数量相关的成本，相比之下，固定成本则是与销售数量无关的成本。丰田汽车使用的钢材数量就属于可变成本。丰田公司生产的汽车越多，需要的钢材数量就越多。高度可扩展的业务通常具有相对较低的固定成本，因此，大部分成本是可变的，业务本身会随着规模扩大而增长。

注释

1. Steve Jobs, “Apple’s One - Dollar - a - Year Man,” *Fortune*, January 24, 2000, http://archive. fortune. com/magazines/fortune/fortune_archive/2000/01/24/272277/index. htm.

2. 可以预料，符合“最大”条件的对象是多重的，具体取决于我们对“最大”是如何定义的：http://retailindustry. about. com/od/famousretailers/f/What - Is - Worlds - Largest - Retail - bookstore - barnes - noblenew - york - powellsportland - oregon. htm.

3. Erick Schonfeld, “Founder Stories,” *TechCrunch*, February 3, 2011, http://techcrunch. com/2011/02/03/founder - stories - instagramproducts/.

4. Joseph A. Schumpeter, *Capitalism*, *Socialism and Democracy* (New York: Harper and Brothers, 1942).

5. E. M. Rogers, “New Product Adoption and Diffusion,” *Journal of Consumer Research* 2 (1976): 290 301.

6. 布拉德认为，针对软件和商业流程构建的专利权是不合理的，见：http://feld. com/? s = patent for a large number of blog posts by him about this topic.

7. Josh Constine, “Instagram Cuts Off Kevin Rose’s Photo App Tiiny From Its Social Graph,” *TechCrunch*, October 4, 2014, http://techcrunch. com/2014/10/04/instagram - tiiny/.

8. “创智赢家”创投真人秀节目，第四季第十期。
9. 有关这个概念的资料很多。 其中最有说服力的一篇文章是 David Skok 的“SaaS Metrics 2.0 Detailed Definitions”，见 www.forentrepreneurs.com/saas-metrics-2-definitions/.
10. “龙之穴”创投真人秀节目，第九季第八期。
11. “创智赢家”创投真人秀节目，第四季第 19 期。

第八章 市　场

Startup Opportunities:
Know When To Quit Your
Day Job

诺贝尔奖获得者赫伯特·西蒙针对人类解决问题的能力提出了有限理性概念。[1] 考虑到我们的智慧是有限的，使用智慧的时间也是有限的，因此，我们不能期望以最佳方式解决所有难题。因此，基于找到最佳解决方案所需要的时间和资源，往往导致解决方案不是最优化的。

利用经验法则充分发挥有限认知资源的最大效益，往往是更为理性的方法。这就是有限理性的概念，即在我们的决策中，个人的理性要受制于他们所掌握信息的局限、思维的认知限制以及进行决策的时间限制。

在创业领域，当创业者可以轻易识别整个用户群体时，就是有限市场。例如，当亚马逊开始以建立“世界上最大书店”为目标时，亚马逊最初的潜在客户群体就会受到文化程度和接入互联网的限制。这是一个很大的市场，但是当亚马逊将业务范围扩张到书籍之外时，这个市场就开始趋于无限，或是一个拥有巨大用户群体的市场。以谷歌搜索引擎为例，它就是一个无限市场，相比之下，只提供证券相关文件搜索功能的 EDGAR 则是有限的。同样，Instagram 的医生板块[2] 是有限的，而 Instagram 则是无限的。

市场阶段

你刚刚创造出世界上最好的产品，它解决了一个无限市场的问题——对你的朋友和家人来说，这是他们很容易理解和掌握的观念，但其他人又怎么会发现你的创造呢？除非你在电影《梦幻成真》（*Field of Dreams*）里，否则“如果你还没有创造”，就不可能指望人们在你家门外排队等着购买。因此，你必须采取策略和方法去说服顾客购买你的产品。

不妨回顾一下上一章介绍的罗杰斯“创新扩散”理论，它指出了在不同时点接受新产品的不同人群。罗杰斯将产品采纳过程描绘成一条曲线，并沿着这条曲线划分出五个不同阶段：①创新者；②早期采用者；③早期众多跟进者；④后期众多跟进者；⑤滞后者（见图 8－1）。

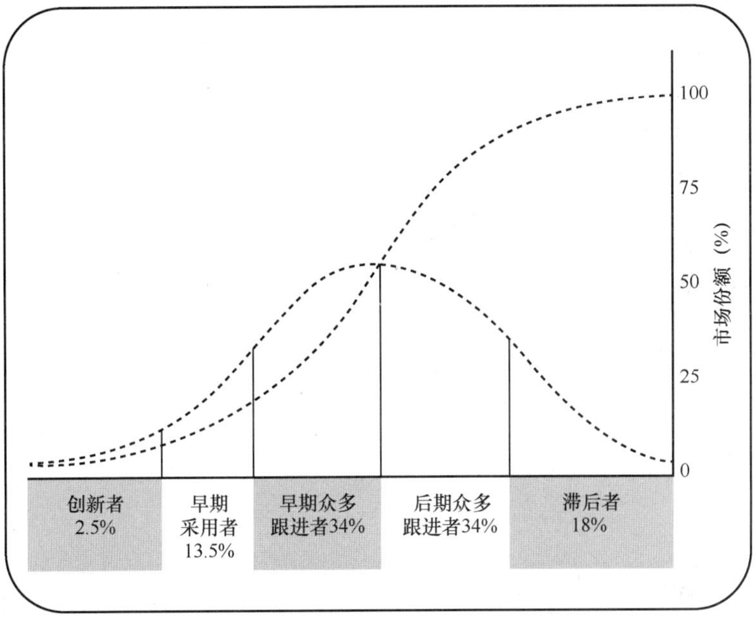

图 8－1　罗杰斯(1976)的创新扩散理论

作为新产品最早 2.5%的采用者，创新者往往需要比滞后者更有说服力，因为滞后者之所以会购买，是因为已经有其他人购买了新产品。在 20 世纪的大部分时间里，一种产品要走过整个周期可能需要几十年。现在，这个周期的跨度已经大为缩减，而且产品处于哪个阶段也变得更为清晰。比如说，可以比较一下你和朋友、父母或祖父母获取 Facebook 账户的时间。这个时间很可能与 Facebook 在市场周期中所处的阶段相对应。

早期采用者往往思想更为开放，愿意尝试新鲜事物，但是要让早期多数人接受新事物往往要困难得多。但早期众多跟进者才是产品获得成功的关键，因为他们代表着相当大部分的潜在用户，只有他们接受了新产品，晚期众多跟进者才会随之而来。“特斯拉”和“普锐斯”汽车的早期买家几乎全是创新者。随着时间的推移，当其他汽车制造商也开始大力推广电动汽车和混合动力车时，就出现了早期采用者。当“拯救地球”的思想在创新者和早期采用者中产生共鸣时，我们开始将重心转移到早期众多跟进者，此时，这个思想已发展到涵盖全部的拥有成本，尤其是在高油价、汽车电子不断改进和完善的大背景下，成本是不可逾越的。

在杰弗里·摩尔（Geoffrey Moore）于 1991 年创造的创新巨作《跨越鸿沟》（*Crossing the Chasm*）一书中，他首先从罗杰斯的创新扩散理论开始，并揭示出在创新者和早期多数人接纳创新的中间存在一个鸿沟（见图 8－2）。[3] 摩尔认为，创新者和早期采用者都属于技术爱好者，而早期众多跟进者则是实用主义者。因此，在接纳创新这个问题上，这些群体有着完全不同的期望，进而在他们之间形成一道必须逾越的鸿沟。

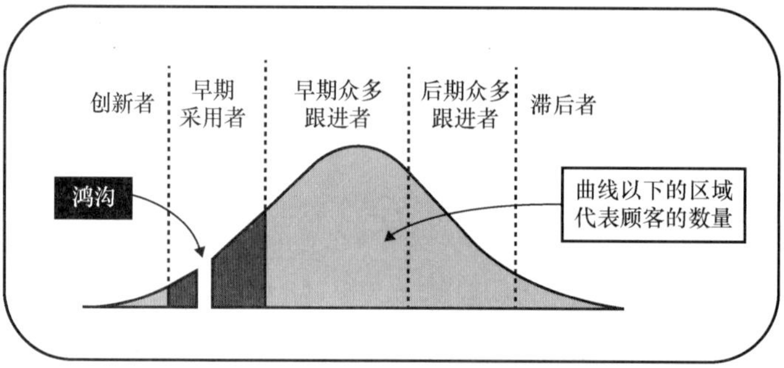

图 8－2　技术采纳的生命周期

随后，摩尔又继续讨论了通过早期众多跟进者获得更多顾客的策略，这些策略包括：

- 捎带：当购买新电脑时，商家通常会在电脑中安装为期 60 天的试用版防病毒软件。如果不是借助于制造商现有分销渠道进行捎带销售，防病毒软件就只能依赖用户去主动购买它的产品。
- 行业布局：“伟哥”最初的目标是成为一种心脏药物，但后来却成为增强性功能药物的品牌，因而使销售额大幅增加。
- 宣传：当“维珍移动”最早在加拿大推出时，理查德·布兰森（Richard Branson）带着一支悍马车队和名为“移动革命者”的漂亮车模队伍来到多伦多市中心，他们的宣传口号是移动自由化。

当格雷格·贝（Greg Bay）在“龙之穴”[4]上向投资者推介 Coretection 商业创意时，他最初设定的目标市场是受伤运动员。但节目评委认为，格雷格设定的目标市场容量太小，以至于无法形成合理的业务规模。

但格雷格·贝很幸运，他找到了高端知名功能运动品牌安德玛（Under Armour）作为合作伙伴。通过与安德玛的合作，Coretection 的目标市场覆盖所有运动员群体，于是，格雷格的产品推广标语也变成了帮助所有运动员预防受伤和提升成绩。因此，Coretection 成功地搭载了安德玛的现有品牌及分销渠道。

在罗杰斯的创新扩散模型中，每一个阶段都需要不同的策略。创业者必须有意识地将这种战略和现有资源与相应的阶段匹配起来。如果你的产品远远超前于市场，那么你就会发现很难吸引到足够多的顾客来证实你的机会存在，而且还有可能在市场接受你的产品之前耗尽资本。如果你的产品远远滞后于市场，那么你可能就会发现，顾客已经在购买这种产品的替代品，而不是你的产品。虽然有早期采用者购买你的产品是个不错的开端，但只有让你的产品被大多数人所接受，才能带来真正的利润。而要争取到多数人的接受，显然还需要你采取针对特定人群的合理营销计划。

如果业务部门采取的新模式或新方法以全新方式提供解决方案，或是面对一个全新的市场，就会彻底颠覆现有竞争格局，这也就是通常所说的“蓝海战略”。[5]以创造没有竞争对手的市场空间为主题的蓝色海洋战略，被视为很多创业案例取得成功的驱动力，譬如 Netflix、太阳马戏团、NetJets、Curves 以及任天堂 Wii。

Breathometer 创始人兼首席执行官查尔斯·严（Charles Yim）对其便携式酒精测试仪制定了“蓝海战略”。[6]他的目标就是大幅扩大这种测试仪的市场规模。在严创业之前，酒精测试仪的顾客只有警方，而且只能用于检测正处于醉酒状态下驾驶的司机。严认为，一定存在一个比事后醉酒检测大得多的市场，因为他认为，如果驾驶者在开车之前知道自己已经饮酒过量，那么，他们就不会酒驾。

Breathometer 酒精检测仪可以插入所有智能手机的耳机插孔，并通过应用程序确定使用者呼气中的酒精含量，进而可以确定自己是否还能开车，或是否合法驾驶。通过这种方式，查尔斯·严创造了一个没有竞争的全新市场，面对所有使用智能手机的用户开创了一个新的细分市场。“创智赢家”的五位评委一致决定到严的蓝海中一展身手——严收到了合计 100 万美元的投资，远远超过了他开始提出的 25 万美元的资金需求。

产品与市场的匹配性

在评价创业机会时，我们应该考虑很多风险，包括市场风险和产品风险。迄今为止，我们在很大程度上还是将市场风险和产品风险视为两个不同的概念。两者的交集被称为产品与市场的匹配区，这也是每个创业者试图达到的理想境地。

当创业者发现市场需要并愿意购买产品时，就说明产品与市场达成匹配。尽管这很少是完美的解决方案，但却是客户愿意为之付费的最小可行产品。

在以产品与市场匹配为目标的前提下，创业者必须尽早对这种匹配制定合理假设。多次创业的肖恩·埃利斯(Sean Ellis)对此进行了研究并出版专著，[7] 他指出，如果40%的早期使用者认为，没有你的产品或服务，他们会感到非常失望，这就说明，你已经达到了产品与市场的匹配。如果有证据表明，"既定市场上存在足够的需求，从而使得公司有必要对营销等业务流程投入足够的资本支出"，[8] 那么，就意味着企业已实现了产品和市场的匹配。

作为Netscape和安德森-霍洛维茨基金（Andreessen Horowitz）风险投资公司的联合创始人之一，马克·安德森（Marc Andreessen）最早提出了产品/市场匹配的概念，[9] 并将它描述为市场拉力与企业推力实现结合的关键转折点。将产品推向市场是指以销售性措施推动产品的采纳。而市场拉动则是指由客户推动的对解决方案的需求。尽管安德里森建议采取前者，但后一种方式才是创业者可以控制的。安德里森认为，以产品与市场的匹配来创造市场拉动，应是创业者在初创阶段唯一可以信赖的方式：

> 采取一切实现产品/市场匹配所需要的措施，包括人的改造、重写产品、进入不同的市场、让顾客接受你的产品、进行对风险投资高度稀释化的第四轮融资等。[10]

当顾客验证了你提出的商业模式并愿意购买你销售的产品时，就说明你的产品与市场实现了匹配。史蒂夫·布兰克认为，如果不能达到这一点，你就无法扩大业务规模（见图8－3）。

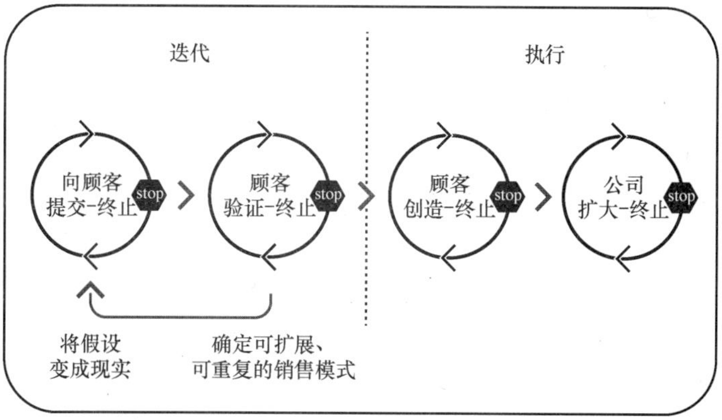

图 8-3　业务模式的验证

资料来源：S. Blank and B. Dorf (2012), *The Startup Owner's Manual.*

一个有助于解释产品/市场匹配性的并行概念就是进化经济学观点，即以进化论观点理解改变企业、制度或行业经济学的过程。 和达尔文的进化论一样，进化经济学同样认为，只有最适合市场变化的公司才能生存下去。 但需要着重指出的是，达尔文并没有说“强者生存”。 生存下来的并不是最强大的创业公司，而是最适应的公司，这在生物学和创业场景下是一致的。

图 8-4 摘自发表于 19 世纪的一篇关于微生物研究的文章，这篇文章首次提出生物进化的 S 曲线。 虽然 S 曲线最初用于解释微生物菌落的行为及生长规模，但后来的研究显示，它也适用于描绘很多不同类型系统的演进过程。[11]

S 曲线是通过两个过程的相互作用而产生的：

1. 基于非线性系统中的正反馈或强化循环，连锁反应开启并快速发展。

2. 因“燃烧”所需要的资源趋于耗尽，或是出现负反馈或稳定性循环，连锁反应逐渐开始减弱。

S 曲线适用于创业企业的方式与飓风和微生物并无二致。 实现了产品/市场匹配性的创业企业扩大规模，通过大规模采用而实现更大的规模经济，直到达到饱和点，此时产品的采纳速度及其增长速度开始减缓。

肯特·弗兰科维奇（Kent Frankovich）通过“Revolights”充分展示出产品/市场匹配性的巨大能力，[12]“Revolights”是一种安装在自行车车轮上的 LED 智能环。Revolights 与骑行速度保持同步，形成一个能在任何速度下保持正确位置并向前投影的前灯和一个向后的刹车灯，大大增加了自行车后部的可视范围。弗兰科维奇对产品进行了重复完善，并通过单一的在线渠道，在第一年销售了价值超过 60 万美元的灯具。这表明，产品在争取投资前既已达到一定程度的产品/市场匹配性。

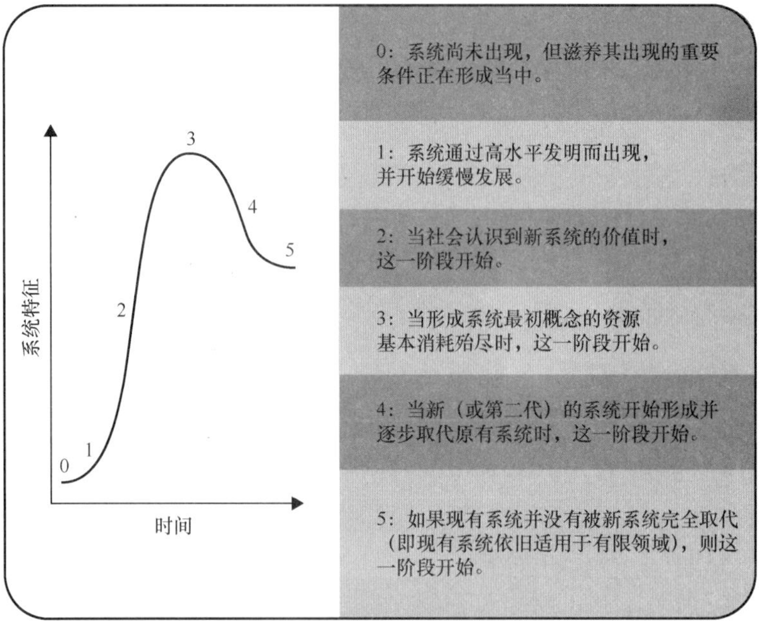

图 8－4　系统进化的过程（“S 曲线”）

资料来源：A. Zusman，B. Zlotin 和 G. Zainiev（2001），*An Application of Directed Evolution*，Ideation International Inc.

破坏性创新

大多数创业企业的目标是实现“破坏性创新”（Disruptive Innovation）。[13]这个最早由克莱顿·克里斯坦森（Clayton Christensen）[14]提出的概念，描述了产品按照最简单用途从市场底层逐渐得到普及，到不可逆转地向上层市场移动，并最终取代现有产品的过程（见图 8－5）。克里斯坦森认为：“一种破坏性创新可以让全部的新消费者群体享受以前只能由富有或高技能消费者使用的产品或服务。”[15]

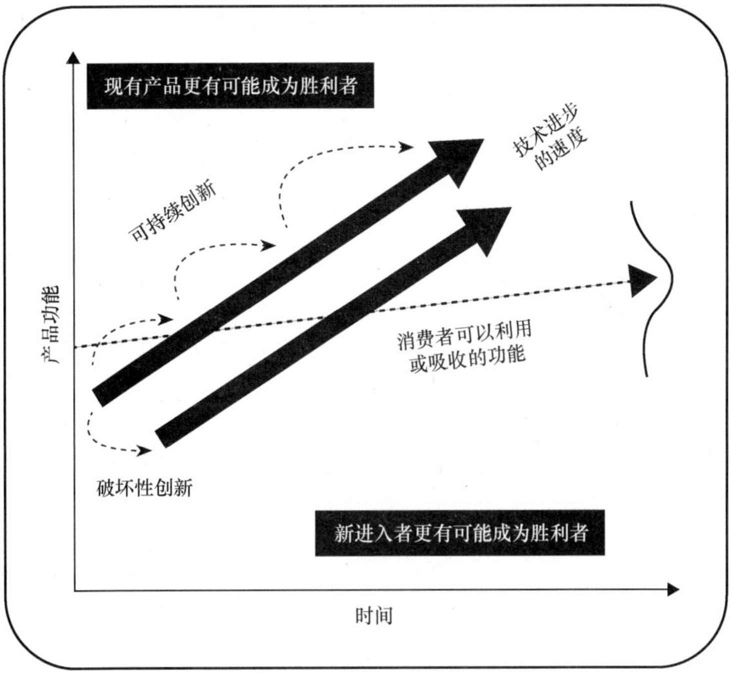

图 8 – 5　破坏性创新的基本模式

资料来源：克莱顿 · 克里斯坦森的“破坏性创新模式”[16]

行业的复合年增长率

复合年增长率（CAGR）是指一个行业的同比增长率。 市场的 CAGR 越大，表明这个市场增长得越快。 通常情况下，热门市场的 CAGR 超过 25%。

“水涨船高”形象地描述了这种态势——业内的所有参与者会得益于整个行业增长速度的加快。 在 CAGR 较高的行业里，无论是对于投资者还是创业者，机会都更具吸引力。 在任何一个市场，创新业务都是非常艰难的。 既然如此，为什么还要盯住一个没有增长的市场呢？ 尽管我们可以计算任何一个行业的 CAGR，但很多投资者和创业家在评价 CAGR 对创业机会的影响时，还是完全借助于直觉。

比如说，今天，iOS 应用程序、基因理论和 3D 打印在全球范围内大幅增长，而且在它们当中，每个行业都拥有较高的 CAGR。 但是诸如快递、唱片店和打字机等行业正在面临需求缩减的局面，从而导致 CAGR 降低，甚至出现负数。

分销实力

分销实力表示将解决方案分送到最终用户手中的难易度。如果一个好的解决方案不能得到推广，就无法得到快速采纳，这也是互联网和数字创业企业的主要优势之一，因为它们的解决方案大多可以通过较低成本实现全球普及。譬如，苹果公司在2001年1月推出的iTunes，就是一种销售和分送音乐的系统。十年之后，iTunes已经占据了整个数字音乐市场一半以上的份额。凭借如此之大的市场份额，苹果也拥有了令人难以置信的分销实力。

苹果的App Store则是凭借分销实力实现创造性破坏的另一个典型示例。在2008年7月10日之前，要让用户在自己的手机上安装你开发的应用程序，你就必须成功实施很多风险投资者所说的“双重擦板球”（double bank shot）。首先，你需要说服移动运营商，告诉他们为什么应该把你的应用程序装入用户的手机；其次，你还要让终端用户接纳你的产品。鉴于大多数手机公司的创新速度缓慢，尤其是考虑到它们对第三方软件的关注度不高，因此要做到这一点会非常困难。在这种情况下，只有极少数应用程序和游戏才能进入终端用户的手机，而苹果在2008年创建的App Store则改变了所有这一切。截至2017年3月，苹果的App Store已提供了超过220万款应用程序，而在初创时却只有500个。更重要的是，其他很多公司也紧随其后，今天，我们可以在很多数字平台上找到应用程序商店，包括Facebook、谷歌、微软和Salesforce等。允许最终用户下载自己选择的应用程序，只是在分销环节实现破坏性创新的一部分内容。而另一部分内容就是为第三方开发者获得类似的应用程序提供便利，而无须借助于“双重擦板球”。

电影是在分销环节实现破坏性创新的另一个例子。假如你是20世纪一位具有创新精神的电影制作人，那么将你拍摄的独立影片销售给潜在观众是非常困难的。但是在今天，只需浏览一下Netflix或是IndieFlix和Fandor等网站的节目单，你就会看到，很多小型独立电影是如何跳过电影院而直接向观众发行的。这些服务无须中间人（电影发行公司）即可直接面对观众。针对这一变化带来的影响，彼得·布罗德里克（Peter Broderick）在2008年发表了一篇清晰透彻的论文。[17]他在文中指出，新的电影发行系统完全符合10倍法则，因为它不仅为电影制作方提供了更大的控制力和更低的成本，而且可以让他们以非中介化方式直抵实际观众。

互联网本身就是一种非常不错的分销方式。在20世纪的时候，如果你想了解世界百科知识，就必须去图书馆阅读《大不列颠百科全书》。但是现在，所有人都可以从互联网和维基百科中得到这些信息。

顾客获取成本

作为PayPal的联合创始人之一，彼得·蒂尔（Peter Thiel）曾在一次演说中详细探讨了分销问题。该演讲稿收录于他在2014年与布莱克·马斯特斯（Blake Masters）撰写的《从0到1》一书中。如下概念摘自布莱克针对此次演说的注释：[18]

- 客户的终身价值，或CLV。
- 从每个客户得到的平均收入（每月），或ARPU。
- 客户的保留率（月度，衰减函数），或r。
- 客户平均寿命，即1/（1－r）。
- 获得每个客户的成本，或CPA。

CLV等于ARPU、毛利率和客户平均寿命的乘积。在这个概念上，基本问题是：CLV是大于还是小于CPA？在无摩擦的世界中，如果CLV > 0，那么，我们就可以创建一家好企业。而在有摩擦和不确定性的情况下，只要CLV > CPA，我们就将创建一家好企业。

这个数学公式构成了分销环节的核心。如果我们获得一个新客户的成本超过这个客户所能带来的价值，那么我们获得的新客户数量越多，损失就越大。对处于创业初期的B2B企业，投资者经常会看到，CLV <CPA。志在长远的创业公司为赢得第一批早期客户而花费数万美元的直接及间接成本，而且这些早期客户是免费试用产品。这种模式在短期内往往是可以接受的，因为创业企业需要的是客户带来的推荐和扩散效应，而不是他们的收入，但这种模式显然不能长期维持。

病毒式营销

病毒式营销是降低 CPA 的工具。每次使用一种病毒产品时，它都会传递给至少两名其他用户，然后每个用户再将产品传递给另外两个用户，依此类推。随着这个过程不断反复，直到我们不经意之间发现，已经有成千上万用户在使用你的解决方案。创业公司 Quibb 的顾问安德鲁 · 陈（Andrew Chen）针对理想的分销模式发表了一篇精辟的网文：

> 只要保证产品具有天然的病毒属性，我们就可以找到正确的分销渠道。如果产品拥有新的传播渠道，就说明你已经拥有了强大的先发优势。在此基础上，你可以对新病毒用户的价值主张做出检验，并通过反复的实验不断完善产品，直到产品传播开始加速。如果你从先前产品、服务或捎带关系形成的某些初始流量开始，就可以加快产品被顾客采纳的速度。[19]

Hotmail 就是一个病毒式营销的典型示例。每次通过 Hotmail 发送电子邮件时，最后都会显示一个标签——“可在 Hotmail 获取免费电子邮件”。这句话最早出自哈佛商学院的教授杰弗里 · 雷波特（Jeffrey Rayport）和风险投资家蒂姆 · 德雷珀（Tim Draper），其中后者也是 Hotmail 的投资人之一。可以说，这个标签也是 Hotmail 每天可以获得超过 25 万名用户的重要因素之一。[20]

竞争

每个机会都是有竞争的。面对自己的问题和没有得到满足的需求，你的潜在客户总有自己的选择。竞争可以采取多种形式，我们不妨划分为直接性、间接性、可选择及维持现状。除购买你的解决方案之外，不管你的未来客户作何选择，都会带来竞争。

不妨用一个每天发生在美国家庭中的事情为例。假设小女儿回到家里说：“我需要一双新的耐克足球鞋。”作为顾客，你会有哪些选择呢？

- 直接性竞争：公司销售完全相同的解决方案、产品或服务，比如说锐步销售的高端足球鞋。

- 间接性竞争：向同一顾客销售略有不同的解决方案，比如说，它可以是一双按一半价格销售的高仿足球鞋。
- 替代性竞争：购买新产品以外的其他解决方案。也就是说，不给女儿买一双新的足球鞋，因为她可以穿表姐穿过的旧足球鞋。这也可以满足她的需求，但不会给耐克带来收入。
- 维持现状：即顾客会采取“什么也不做”的选项。也许你的女儿应该穿上你在去年为她买的那双足球鞋。

永远不要认为你的机会是不存在竞争的。虽然保持现状往往是最容易被遗忘的竞争来源，但它却有可能会带来最大的影响，因为“什么也不做”往往是最常见的选项。我们曾目睹数百家创业企业的失败，原因就在于“什么也不做”原本就是潜在顾客最可取的选项。

如果你的顾客有更多选择，那么，你的产品就必须有足够的吸引力。竞争未必是坏事，它有助于检验你的机会，引导产品的早期采用者明确创业机会的价值主张，并让这个价值主张有与众不同之处。竞争还可以为你提供一个衡量创业的基准，展示市场对产品的需求。如果你的竞争对手不能有效衡量顾客的需求，那么，他们就会把更多的顾客推给你。如果竞争对手比你做得更出色，他们就会让你的努力功亏一篑。不妨对比一下 FedEx 和 UPS 的服务，谁的竞争更有效呢？

到底多少竞争才算理想呢？这没有任何标准可参考。竞争太少会影响到投资者的信心和兴趣，但竞争太激烈则会吓跑投资者。热门市场，特别是被主流媒体热炒的市场，往往会在很短时间内吸引大量竞争参与者。很多新颖并具有变革性的机会都需要有超前于大众意识的思维。

基于对市场领导者的炒作而对自己重新定位的公司，被称之为“追随者”，它们往往无法唤起投资者的兴趣。肖恩的一位同事总喜欢说：“不要追赶只能给你留下立足之地的潮流”，如果一个市场挤满了数十个竞争对手，那么你就应该重新考虑寻找新的市场了。

未来竞争可能会带来托马斯·麦克奈特（Thomas McKnight）所说的“伏击风险”（ambush exposure）。[21]麦克奈特指出，所谓伏击风险的含义是，当拥有超强手段和资源的隐形对手发现你的产品非常吸引人，或是威胁到他们的现有市场时，会主动侵入你的市场，并夺走你的顾客。

破坏性创新会造就出伟大的企业，如亚马逊、eBay、Facebook 和谷歌。 但是在创造破坏性创新并展示它可以带来的巨大财富时，我们要时刻提防生态环境中的大企业觊觎我们的机会，并借机发起伏击。 亚马逊的在线书店最初曾遭到业内的抵制。 Borders 将在线书店业务交给亚马逊的效果完全等同于自杀，而连锁书店 Barnes&Noble 最终则试图利用自己的在线商店伏击亚马逊。 但此时的亚马逊已根基稳固，只会让伏击者自取灭亡，就像 Blockbuster 无法以类似的在线服务伏击 Netflix 一样。 在这种情况下，破坏性创新极为强大，而且现有企业又行动迟缓，以至于伏击策略根本就难以奏效。

最经典的伏击案例莫过于谷歌的 Docs。 多年来，微软在台式电脑文字处理软件领域与 WordPerfect 相互竞争。 最终，微软成为胜利者，WordPerfect 则被彻底淘汰。 一段时间以来，微软几乎对文字处理软件形成完全垄断。 2005 年，Writely 脱颖而出，这是一个无须使用许可的云基础通用文字处理器。 2006 年，谷歌收购了 Writely 的制造商 Upstartle，并最终将其重命名为 Google Docs，并就此改变了文字处理软件的市场格局。

歌利亚悖论

当一个创业者告诉投资者“我们没有竞争对手”时，投资者往往会想到如下两件事之一。

- 这个创业者根本就不知道如何使用谷歌，或者在分析竞争格局时缺乏应有的商业头脑。
- 他的创意过于古怪而且不切实际，以至于这个星球上根本就不会有其他人去实施。

哪个更糟糕？ 都一样。

当你面对的市场已经有了一个强大的在位者（比如在线零售领域的亚马逊或是搜索引擎领域的谷歌），这对你来说是好事还是坏事呢？ 答案是兼而有之，这就是所谓的歌利亚悖论。 一方面，一个强大的成功市场领导者就是最清楚的证据，它表明，解决这个问题会造就一个巨大的市场；另一方面，要取代这个巨大的成功领导者，往往需要你的解决方案要好出 10 倍以上。 相比之下，如果还没有人为你正在解决的问题提出解决方案，那就要考虑，这到底是因为问题的解决方案根本就不会形成一个市场，还是尚未找到值得采纳的解决方案。 前者会让你的机会贬值；后者则会创造机会。

进入壁垒

进入壁垒是阻止竞争对手进入市场且持续存在的障碍。 如果联邦政府要求你的创业企业取得政府许可，这就是你进入市场的障碍。 如果只有你的企业拥有关键资产，譬如创造预期解决方案所需要的有形材料，这就是其他企业的进入壁垒。 如果你拥有某种专有技术，那么这种技术所对应的知识产权（IP）就会成为其他企业的进入壁垒。 每家企业都会尽可能多地制造壁垒，使得竞争对手难以进入市场。

哈罗德 · 德姆塞茨（Harold Demsetz）指出，[22]潜在的进入壁垒可以包括:

- 市场规则。
- 独家分销协议。
- 无弹性的需求。
- 掠夺性定价。
- 沉没成本及切换成本。

一种最常见的进入壁垒就是专利权。 专利权授予发明人在特定时间（通常为 20 年）内对某种技术拥有独家使用的权利。 拉里 · 布龙（Larry Brun）在为 Attitube 做推介时，[23]曾花费很多时间用来解释这种产品的独特功能。 随后，他回答了“你是否有专利权？”这个问题。 幸运的是，布龙在加拿大和美国确实拥有专利权，这就给投资者带来一种安全感，因此，如果投资者投资于这种产品，那么，其他竞争对手就不能复制这项技术。

其他进入壁垒的例子包括:

成本优势：以更便宜的成本产出你的产品，这就允许你按更低廉的价格销售产品。沃尔玛在这方面历来拥有巨大的优势。

客户忠诚度：很多人只用谷歌作为搜索引擎，因为他们相信，谷歌才是最快的，而且也是最准确的。到目前为止，必应（Bing）还没能突破这个障碍。

对资源的控制：如果你正在制作竹纤维T恤衫，而且有办法控制竹纤维的流动，那么，就没有其他竞争对手能制作竹纤维T恤衫。

进入壁垒增加了市场进入的成本，因而有助于强化现有参与者的市场地位。例如，航空业就拥有巨大的进入壁垒。首先，满足联邦法规就需要投入巨大的成本。其次，取得创建航空公司所需设备需要高昂的成本。最后，航空公司还要和预期使用的机场达成协议。由于这些进入壁垒很高，使得现有航空公司拥有了坚不可摧的既有地位，因此，对于很多创业者和大多数投资者来说，航空业会让他们望尘莫及，使得这个行业对他们没有任何吸引力。

在形成创意时，一定要通过建立进入壁垒，让你的创意明显优于替代方案，从而保护你的创意。进入壁垒越高，竞争对手就越难以对你发起伏击。

政府规制

你的公司是否需要政府批准，或是某种类型由政府颁发的经营许可证？很多行业均受到一定程度的政府监管，而进入该市场可能需要得到相关机构的许可。政府法规可能需要对企业进行测试、提供相关证据甚至需要符合某些标准。因此，政府监管可以起到进入壁垒的作用，有可能严重影响企业推出产品的成本。

在其他情况下，政府规制可能会影响销售产品的方式和地点。如果你想创建一家就像信托公司之类的贷款业务机构，那么在大多数国家，都会要求你达到某些标准（如现金储备），以某种特定方式开展业务（例如，不能向18岁以下的人提供数百万的贷款），并遵守信息备案要求（如每月的转账结算报告）。在某些情况下，政府甚至会限制你将解决方案出售给某些群体（如反洗钱规则）。

合作伙伴的状态

你的创业公司是否有潜在的合作伙伴？你是否知道他们每个人的名字？这些合作伙伴关系是否会明显提高你的信心或是创业成功的可能性？如果是的话，那么，你的创业企业就会出现学者所说的“光环效应”。[24]当一个实体（公司、投资者或是某个名人）通过与其合作而对另一方予以默认的时候，就会出现光环效应。很多创业公司将光环效应作为对创意概念的证明。

按照信号理论，合作伙伴带来的光环效应就是一个默认和认可。不妨考虑如下几点：

创业公司 XYZ 从事搜索引擎业务。它声称已发明了一种图形搜索方法，这是搜索引擎行业长期以来一直未能解决的难题。在第一天，创业者向投资者介绍了“图像搜索解决方案”，但现场演示并未取得成功，于是投资者失去了对这个创业机会的信心。第二天，XYZ 的创业者宣布，他们已经和谷歌建立了合作伙伴关系，因而可以利用谷歌的知识产权并扩大市场。不管投资者在他发布这个消息之前的看法如何，谷歌带来的信号效应和光环效应都将提高投资者对这个创业机会的兴趣。

虽然顾客是对创业机会潜力的最好证明，但更重要的是你在尚未进行销售或是创业企业没有贷款收入之前该怎么办？在这些情况下，与高度可信的实体进行合作，就是一种次优的概念证明。合作伙伴关系可以表现为各种各样的形式和规模，但通常而言，最理想的合作伙伴关系是这个合作伙伴自愿进行资源共享，从而大大提高创业成功的可能性。合作伙伴关系会促进公司的发展，并强化投资者对创业成功的信心。毕竟，如果有一家大企业认为你的企业有足够的投资价值，并愿意与你合作，那么就说明你的企业确实有价值。

作为专注数字创业的投资者，我们可能对制药行业的研发知之甚少。但如果一家从事制药业的创业企业告诉我们，它已经和几家正在运行的大型制药企业达成合作伙伴关系，而且其中包括业内领先的知名医院、知名实验室、著名大学或是一家大型的上市制药企业，我们就必将对这个创业机会更有信心。

知道自己为什么一定要筹集资金

要实现创业企业的价值，投资者就必须适时退出，“退出”这个词是指包括创始人、投资人和员工在内的股东退出创业企业，将股权兑现为现金。大多数创业企业通常会采取如下四种方式之一实现投资退出：①被收购；②首次公开发行（IPO）；③创业者回购股份；④破产。

收购是指另一家公司通过收购创业企业的所有股份或资产，达到购买创业企业的目的。IPO 是指一家创业企业通过在公开市场或证券交易所发售股份而公开上市。回购是指创业企业拥有足够的自由现金流，并以现金流回购投资者和创始人持有的股份。最后的、当然也是最不期望的退出方式是破产。值得注意的是，在现实中，每十家风险投资公司只会有不到两家公司能实现成功退出，这意味着，超过 70%的创业企业让投资者血本无归。[25]

很多企业家筹集资金的目的是为了企业的成长和发展。有些企业家希望利用外部融资进行营销活动，还有些企业家想开展连锁业务，而有些则需要生产更多的产品。虽然创业者或许清楚他们为什么需要资金，但投资者想知道的是如何将这笔投资转化成更多的价值。

就如何为投资者创造回报进行有效沟通，始终是创业者义无反顾的责任。如果有投资者问："你为什么需要我的钱？"一个错误的回答是："我们需要你的 20 万美元来发展业务。"更合理的答案是："你的 20 万美元会让我们完成一笔 5 万件产品的最新订单，这笔订单的毛利润就将达到 50 万美元。"按照第一种回复方式，创业者无异于在向投资者乞求资金，但却没有花钱的计划。而按照第二种回答方式，创业者则为公司实现利润并增加投资价值提出了一种明确的途径。

在创业初期进入的投资者在进行投资时，他们的目标就是取得实质性的回报，比如说，在十年之内实现超过 10 倍的回报率。他们通过投资赚取的一种方法就是股利，而股利则是企业利润的一部分，但仅仅通过股利赚钱，几乎不可能达到 10 倍的收益率。因此，更常见的收益实现方式是通过出售公司或公司公开上市而成功退出。偶尔，投资者还有机会在公司价值大幅增长时，将其持有的股票出售给公司或新的投资者。

最初，所有创业公司的投资都有机会在未来实现退出，但有些机会似乎比其他机会更明显。如果一家公司所在的市场处于快速增长之中，且具有较大的进入壁垒，而且公司拥有知识产权、市场吸引力及可持续竞争优势，那么它就有足够的机会成功退出。通过锁定分销渠道、创造较高的沉没成本并切实保护其关键性知识产权，那么，公司实现成功退出的可能性就会大为增加。

让投资者深切体会公司的未来价值，不仅是所有创业者的基本职责，也应该是所有企业家的基本目标。同样，投资者也需要成功的投资，看着自己的投资不断增值，并最终获得数倍于原始投资的回报。

创业者的观点：Talbott Teas

谢恩·塔尔博特（Shane Talbott）

这一切都从我的发廊开始。最初，我想为客户提供一种特殊的体验，于是我开始和客户分享我对泡茶的爱好。客户也非常喜欢我的茶叶，并开始不断向我购买这种特殊的混合茶叶。因此，我把绿茶与草莓和大黄之类的混合茶装进小 Ziploc 袋子中，出售给顾客。我的合作伙伴史蒂夫鼓励我发挥自己的创造力，发明一种独立包装的混合茶，并在我们的护理中心销售这种袋装混合茶。

Talbott Teas 最初只是我们打发时间的一种休闲方式，但最终却成为一个让我们为之激情奋斗的事业。随着时间的推移，我逐渐意识到，通过 Talbott Teas，我们创造的不只是一种产品和一个时尚茶品的品牌，也打造了一个迎合小资情调的市场。商店和客户对这种产品的支持给我们带来了意外惊喜，并最终促使我与合作伙伴卖掉发廊，转而集中精力去开发 Talbott Teas。

有人说，现实生活中永远不存在神奇幻术。但我们恰恰遇到一次石破天惊的机会——奥普拉在最近一期的脱口秀节目中提到 Talbott Teas，于是 Talbott Teas 走出我们的厨房和护理中心，让我们从一家区区的小作坊变成了一家成功的大企业，这样的机会远不是我们所能想象到的。但我们的创业还是遭遇了严重的资金问题，由于缺少购置库存所需要的资金，以至于我们很难满足像 QVC、Four Seasons 和 Bloomingdale 等主要零售商的订单。在经济衰退中创建企业，无疑是非常艰难的。尽管我们有大量的采购订单，但所有银行均拒绝为我们提供贷款。于是，我们参加了"创智赢家"栏目，希望能找到投资者与我们同舟共济，完成这个令人振奋的事业。

在"创智赢家"节目中，我们原本希望能与芭芭拉·科科伦（Barbara Corcoran）联手，因为我们觉得，她肯定会欣赏我们的业务。让我们感到意外和失望的是，芭芭拉支持的是洛丽·格雷纳（Lori Greiner）。但同样意外的是，世界知名运动休闲服饰品牌 FUBU 的创始人兼首席执行官戴蒙德·约翰（Daymond John）对我们的大力支持，但由于戴蒙德已投资于我们的竞争对手，因而无法再给我们投资。凯文让我们转让更多股权，但由于这个比例让我们感到无法接受，我们开始讨价还价。尽管戴蒙德称他不会讨价还价，因为他是一个讲究原则的投资者，但最终还是下调最初的股权比例，我们的合作由此得以形成。

除马克·库班之外，凯文是我们可以想到的最不可能对 Talbott Teas 这种公司感兴趣的投资者。但是在凯文·奥利里“让我们一起发财”的鼓动下，凯文还是和戴蒙德联手，促成了我们和全球果昔第一连锁品牌 Jamba Juice 的合作。

有了两只大“鲨鱼”的联手合作，再加上我们的精彩演出，最终让 Jamba Juice 收购 Talbott Teas 的这一美梦成真。即使是在最疯狂的梦想中，我们也从来没有想到过，我们的激情、奋斗和无数的冒险竟会带来如此令人匪夷所思的好运。当我们为机遇做好充分的准备时，运气往往会随之而来。从奥普拉到“创智赢家”，再到 Jamba Juice，我们觉得自己就生活在美梦当中。

投资人的观点：Talbott Teas

凯文·奥利里，奥利里风险投资公司

从谢恩和史蒂夫踏进“创智赢家”栏目的那一刻，我就感觉自己喜欢上了这两位创业者。他们的身上洋溢着创业的激情，他们对自己的产品充满热情——这也是所有成功销售人员最需要的品质。也就是说，我绝不会因为我喜欢某个人就把自己的投资托付给他。在“创智赢家”这个舞台上，我遇到过很多充满人格魅力和创业激情的人，但是在谈到投资的底线时，他们却不能让我看到盈利前景。

幸运的是，谢恩和史蒂夫用现金流为他们的第一印象提供了最有力的支持。在听到这两位创业者在短短三年时间里就将 Talbott Teas 的销售额从 10 万美元提高到超过 50 万美元（而且毛利率达到了 50%）时，我就知道，这就是我想要看到的投资。我经常说：“数字从不会说谎。”而且对这个项目而言，数字甚至是在向我尖叫：“投资，投资，赶紧投资。”

这个市场的诱惑力当然是独一无二的，茶品就是我所说的“耐衰退行业”。

咖啡因是美国首屈一指的药物，而且随着时间的推移，事实也逐渐证明，它所具有的成瘾性足以抵御经济波动的侵袭。我喜欢能带来源源不断的现金的企业，但我更喜欢一家在可预见的未来拥有可持续现金流潜质的企业。

我相信 Talbott Teas 的潜力，但显然我不是唯一看好它的投资者。就在我们建立合作之后的几个月，Talbott Teas 便与美国最大的饮料公司之一 Jamba Juice 达成协议，并最终被后者收购。实际上，从一开始，谢恩和史蒂夫就已经有所打算，他们的最终目标，就是以数百万美元的价格将 Talbott Teas 出售给一家大型公司，而且我完全赞同这样的退出战略。他们的努力，也让这一计划的实现步伐远远快于所有人的预期。

注释

1. Herbert A. Simon, *Models of Bounded Rationality: Empirically Grounded Economic Reason*, vol. 3 (Cambridge, MA: MIT Press, 1997).
2. 这是存在的，见：Rebecca Borison, “There’s Now an Instagram for Doctors,” *Business Insider*, June 19, 2014, www. businessinsider. com/figure - 1 - instagram - for - doctors - 2014 - 6.
3. Geoffrey A. Moore, *Crossing the Chasm: Marketing and Selling High - Tech Products to Mainstream Customers* (New York: HarperBusiness, 1991).
4. “创智赢家”创投真人秀节目，第二季第四期。
5. Renée Mauborgne and W. Chan Kim, *Blue Ocean Strategy: How to Create Uncontested Market Space and Make the Competition Irrelevant* (Boston: Harvard Business School Publishing, 2015).
6. “创智赢家”创投真人秀节目，第五季第二期。
7. Sean Ellis, “The Startup Pyramid” from Startup Marketing blog, www. startup - marketing. com/the - startup - pyramid/.
8. Tristan Kromer 的回复见：“How Do You Define Product Market Fit?” on Quora, April 7, 2014, www. quora. com/How - do - you - define - Product - Market - Fit/answer/Tristan - Kromer?srid = uh2K&share = 1.
9. Marc Andreessen, “The Pmarca Guide to Startups, Part 4: The Only Thing That Matters,” June 25, 2007,http://pmarchive. com/guide_to_startups_part4. html.
10. Marc Andreessen, “Product/Market Fit,” Stanford University EE204 Class Notes: Business

Management for Electrical Engineers and Computer Scientists, June 25, 2007, www. stanford. edu/class/ee204/ProductMarketFit. html.

11. G. S. Altshuller, *Creativity as an Exact Science*: *The Theory of the Solution of Inventive Problems*, trans. Anthony Williams (Amsterdam: Gordon and Breach Science Publishers, 1984). 155

12. “创智赢家”创投真人秀节目，第五季第 19 期。

13. Clayton M. Christensen and Joseph L. Bower, “Disruptive Technologies: Catching the Wave,” *Harvard Business Review*, January 1995, https://hbr. org/ 1995/01/disruptive - technologiescatching - the - wave.

14. Clayton M. Christensen, *The Innovator' s Dilemma*: *When New Technologies Cause Great Firms to Fail* (Boston: Harvard Business Review Press, 1997).

15. 同上。

16. “Disrupting New Growth through Disruptive Innovation,” Innosight, www. innosight. com/ services - expertise/expertise/disruptiveinnovation. cfm.

17. Peter Broderick, “Welcome to the New World of Distribution,” first appeared in indieWIRE, September 16 and 17, 2008,www. peterbroderick. com/writing/writing/welcometothenewworld. html

18. Blake Masters, “Peter Thiel' s CS183: Startup—Class 9 Notes Essay on If You Build It, Will They Come?” Blake Masters ' s blog, May 4, 2012, http://blakemasters. com/post/ 22405055017/peter - thielscs183 - startup - class - 9 - notes - essay.

19. Andrew Chen, “How to Build a ‘Distribution - First’ Startup,” Quibb. com, http://quibb. com/ links/how - to - build - a - distributionfirst - startup.

20. “9,000 Uniques in One Day: A Viral Marketing Case Study. ” Moz Blog, November 6, 2013, http://moz. com/blog/9000 - uniques - viralmarketing - case - study.

21. Thomas K. McKnight, *Will It Fly? How to Know if Your New Business Idea Has Wings . . . Before You Take the Leap* (Upper Saddle River, NJ: Prentice Hall, 2003), p. 89.

22. Harold Demsetz, “Barriers to Entry,” *American Economic Review*, 72, no. 1 (1982): 47 - 57.

23. “创智赢家”创投真人秀节目，第三季第六期。

24. See Richard E. Nisbett and Timothy DeCamp Wilson, “The Halo Effect: Evidence for Unconscious Alteration of Judgments,” *Journal of Personality and Social Psychology*, 35, no. 4 (1977): 250 and Lance Leuthesser, Chiranjeev S. Kohli, and Katrin R. Harich, “Brand Equity: The Halo Effect Measure,” *European Journal of Marketing*, 29, no. 4 (1995): 57 - 66。

还可参考：Phil Rosenzweig, *The Halo Effect and the Eight Other Business Delusions That Deceive Managers* (New York: Simon and Schuster, 2007).

25. Deborah Gage, "The Venture Capital Secret: 3 Out of 4 Start - Ups Fail," *Wall Street Journal*, September 20, 2012, www.wsj.com/articles/SB10000872396390443720204578004980476429190

第九章 计　划

Startup Opportunities:
Know When To Quit Your Day Job

史蒂夫·布兰克曾因在博客上改写普鲁士陆军元帅赫尔穆特·格拉夫·冯·毛奇（Helmuth Graf von Moltke）的话而闻名。他提醒我们，如果不能首先接触到顾客，任何商业计划都会失去生命力。[1] 很多误解布兰克和格拉夫建议的人只会半途而废。这些创业者还在问他们的客户需要什么，这种做法显然是不够的。相反，创业者应该为潜在客户提供选择，让他们用手里的钱表达意见。

布兰克的警告还有第二层含义，即商业计划只是一个起点。我们必须有效执行这些计划，并充分认识到计划的高度不确定性，不断地调整和完善商业计划。达尔文的进化论毋庸置疑——适者生存，这个规律不仅适用于自然界，也适用于创业。

产品的推出一定要尽早，而且要保持经常性

大卫·科恩[2]，Techstars 创始人

没有人使用的产品就像森林里倒下的一棵树，没人能听到它倒下的声音。它也许会发出声音，也许不会——但谁去关心它呢？你的产品也是如此。即便你的产品创意可能非常优秀，但如果没有人使用它，谁会在意你的创意好坏呢？如果实际中没有顾客使用你的产品或服务，那么你就无从知道产品或服务是否能满足市场需求，以及你还需要做哪些改进。切记，推出产品和启动营销是两件事，你可以推迟启动营销。在取得良好的产品/市场匹配性、顾客喜欢上你的产品之前，避免形成大量噪音和在媒体上大肆宣传是一件好事。但是要

达到这个目的，就必须尽早地经常性推出产品。

你一定要等待产品完美无瑕，甚至让顾客对产品毕恭毕敬吗？千万不要等待。马特·穆伦维格（Matt Mullenweg）在《尽快动手》（*Do More Faster*）[3]一书中指出："如果你在推出第一个版本时没有感到尴尬，那只能说明你等待的时间太长了。"我们必须把产品放在顾客面前，只有这样，我们才能得到顾客的反馈，以便于让我们的产品更完美。如果你努力创造能满足顾客需求并解决其问题的产品，他们就更有可能愿意分享自己的意见。除口头反馈以外，他们使用产品的方式也可能透露出你甚至还没有意识到的某种特定需求。

与此同时，你还要不断发展和完善自己的顾客群。即使实际的产品会随着时间的推移而发生显著变化，但那些早期顾客完全可以成为你忠实的粉丝和倡导者。在这种情况下，当你启动大规模产品营销时，就会有很多人关心你发出的声音。

推出时间

产品的推出时间越长，出错的概率就越大。如果你的目标是为 iPhone 开发应用程序，那么，推出产品的最终时间就是你的软件进入 App Store 销售目录的时刻。但这个过程占用的时间越长，竞争对手就越有可能破坏你的机会，并最终打败你。

很多新公司在启动时试图建立一个滩头阵地。滩头阵地是一个军事术语，其含义是指在发动全面进攻前，在阵地上建立稳固的据点。但是在创业领域，滩头阵地的含义则是指易于进入和管理的小型初始目标。

有了一个滩头阵地，创业企业就可以在对上市计划大规模投资之前获得早期反馈。Facebook 最初就是从一个小小的滩头阵地开始的，这个滩头阵地就是一所大学（哈佛大学）。在 Facebook 进行扩展之前，它将最初用户限制在那些通过所在大学或学院获得拥有 edu 尾缀的电子邮件地址的用户。这就可以让创始人在打造持续扩张所依赖的滩头阵地的同时，制造出一个最小可行产品，在可管理的目标市场中满足尚未满足的市场需求——而他们的目标市场就是学生。

要对你的产品上市计划更有信心，不妨考虑一下，哪个目标市场会成为你最理想的滩头阵地。

有待于扩大的计划

作为企业家，你的任务就是寻找一种可重复、可持续和可扩展的商业模式。正如我们之前讨论的，只有在确定产品与市场相互匹配之后，才能扩大规模。尽管这往往是机会评价阶段之后的事情，但这不等于说你可以在初期阶段不考虑扩张问题。如果你无法在机会评价阶段确定有待于扩张的计划，那么，你就不应该继续下去。

一旦认为你的商业模式、产品和市场相互匹配，你就可以着手扩大规模。这本身就是一个过程，体现增量收入的增加，而不会增加增量成本。如果扩大创业企业规模的结果只有成本的增加，但却没有带来额外的收益，就说明企业在产品与市场实现匹配之前就进行了过早的扩张。

根据“创业基因组计划”（Startup Genome Project）发布的一份报告，导致创业失败的首要原因就是过早的扩张。[4] 创业基因组指出，74%的高成长型互联网创业公司由于扩张过早而失败，并将这种情况定义为“过分强调业务发展层面，且增长过度而与业务的其他层面不同步”。当创业公司扩张太快并为扩张而消耗过多资金时，就会出现这种情况，此时，他们会发现，开支的增长速度超过了收入的增速。当我们为获取顾客而投入过多资源、将早期采用者误读为更大的细分市场或是过早地将工程资源从研发转移给技术支持，都会导致我们陷入过早扩张的陷阱。

不妨看看下面这个过早扩张的例子：

D女士发明了一种可生物降解的卫生纸，该产品的降解速度比所有其他产品快十倍左右。尽管她已经给这种产品申请了专利，但是在上市之前，她还是想看看顾客是否需要这种新型产品，于是，她决定通过独占产品关键成分而垄断市场。尽管这需要花费数百万美元，但却可以确保她是唯一可销售其产品的人。一年以后，她已基本垄断了这种高度可降解卫生纸的市场。但遗憾的是，D女士并没有利用真实顾客对创新进行焦点组测试。最终的结果让D女士非常失望，她发现，最终用户根本就不喜欢她的产品，以至于她的客户——主要是已经在销售廉价不可生物降解卫生纸的大型经销商，并没有向她采购。由此可见，D女士对业务规模的扩张为时过早。

合理不等于正确

尽管准确地预测未来是不可能的，但这依旧不能阻止很多创业者宣称，他们未来五年的收入预测是保守的。很多创业者误读了投资者对未来业绩感兴趣的动因。投资者接受的是合理，而不是正确。既然我们不可能准确预测未来五年的收入，那么，创业者就没有必要花更多时间去证明数字的正确性。相反，创业者应该理解并明确形成这些数字的假设前提，并在商业计划中予以阐述。

开发出生活实用类软件 Postcard on the Run[5] 的约什·布鲁克斯（Josh Brooks）让我们体会了不合理带来的结果。这款软件允许使用者在全球各地发送个性化明信片。你只需要拍一张照片，写一段话，按个手指印，然后就可以发送出去，所有工作全部由手机完成，非常简便快捷。尽管约什充分展示出一次有效推介的若干层面，但是在拟定公司估值方案时却并没有表现出应有的合理性。他在“创智赢家”节目中提出了30万美元的融资需求，投资者借此拥有公司5%的股份（即，整家公司的估值为600万美元）。鉴于该软件还处于创业的最初阶段，因此，约什的估值显然是不合理的，并遭到投资者们的斥责。

梅丽莎·卡蓬（Melissa Carbone）的创业更是让投资者大跌眼镜。她已经在洛杉矶和纽约进行了宣传，并进行了一次令人啼笑皆非的宿营旅行。2016年，她的企业创造了100万美元的总销售额。尽管这给“创智赢家”节目的投资者们留下了深刻印象，但她对公司2 000万美元的估值及其对估值理由的含混不清却让人无法接受。最后，马克·库班同意出资200万美元，持有20%的股份，在取得投资后，公司估值被重新调整为更为合理的1 000万美元。

财务预测艺术

约翰·平森特（John Pinsent），特许会计师

有效的财务预测就是创业者的GPS。通过财务预测，创业者能准确客观地认识他们在成功之路上的位置以及预期的未来目的地，当然，最重要的还是在这条路上不断获得有价值的指南。对创业者来说，编制财务报表及其所依赖的财务模式显然是一项非常艰巨的任务。由于这是一条他们从来没有走过的道

路，因此，创业者往往不清楚关键所在，更不用说如何引导自己靠近近乎神秘的出口，从而完成创业的使命。幸运的是，尽管很多创业者在创业之路上迷失了自己，但还是有很多在创业之路取得成功的前人为我们指明了道路。只要坚守最基础的原则，坚持最佳做法引导的路径，那么，我们同样也能做出有效的财务预测。

作为天使投资者，我认为财务预测是在投资时需要考虑的第三重要事项。首先，我必须喜欢你和你的团队。我是否可以信任你？你是否拥有创造有价值企业所需的技能？其次，我还要喜欢你的创意。这个创意是否独一无二？我是否可以想象：人们愿意参与你的创业，并能为自己的参与而感到自豪？我是否还能提供现金以外的东西？在摆平了团队和创意这两个障碍之后，我的注意力就会转到你的财务预测了。尽管不同于团队和创意，财务预测也和它们一样，可以帮助我们迅速做出最重要、也是最终决定：我还需要更多信息吗？

为什么财务预测这么重要呢？最简单的答案就是，财务预测可以让投资者掌握很多关于你以及创业的信息。审查财务预测可以了解你的市场、利润和运营机制。通过这种分析，我们基本可以掌握创业者会如何使用我们来之不易的辛苦钱，以及他们如何将创意变成为我们创造利润的造钱机器。但我们需要了解的不只有财务数字，我们还要了解你的团队具有怎样的商业头脑。商业意识可以保证你的财务预测现实可行，它依赖于现实生活的经验及合理假设。你的财务预测不必正确无误，但必须合理。

此外，财务预测为如何进行投资估值以及投资者的预期回报率提供基础。如果你的预测远离现实，那么，你实际上就是向我发送了一个明确的信号：你根本就不了解自己的业务、市场以及通过企业和市场获取价值的能力。如果你的财务预测过于保守，那么，就有可能因为投资回报率不能满足我的预期目标而让我对投资失去兴趣。毕竟，没有人愿意把5万美元投资于一个只能带来10%增值的高风险企业。比尔·盖茨经常提到，很多人习惯于高估短期收益并低估长期收益。这绝对正确！财务预测的艺术性，就体现在从现实主义的操作手段和富于感染力的乐观创业精神之间求得平衡。

要打动潜在投资者，我建议所有创业者在编制财务预测时都应牢记以下几点：

- 立足现实：我会深入分析当前一轮融资的第一个年度或其覆盖的任何期间。我当然有兴趣知道第二年和第三年会是什么情况，但在这以后的事情，我认为就是纯粹的乐观性臆断了。因此，预测的关键是以现在为起点，在此基础上逐步扩大规模（比如说，我们可以预计第一年为10万美元，并在随后几年中，每年增加一倍）。但务必要保证次年的计划合情合理。
- 不要急于想着退出：除非你以前曾经创建并出售过企业，否则，我认为你根本就不清楚退出对我们意味着什么。虽然说不要担心想得太多太美，但也要知道，出于投资目的估值将取决于未来12个月的细节。
- 分析要自下而上，而不是自上而下：你的财务预测应该与实际运营情况密切相关。如果你预计的销售额为200万美元，那么，财务预测所依赖的假设就必须包括人员配置、广告宣传、差旅费和营销等预算，并且这些预算应该支持与收入相对应的销售活动。如果你需要进行产品工程方面的工作，那么，完成这项工作所需的预计时间就必须和人员数量及相关员工预算联系起来。归根到底，你必须对如何花费这笔投资承担责任。切记，你必须在财务预测中向投资者展示自己的责任体系，以确保在预测的时间和预算范围内实现目标。请记住，任何人都不指望你一定要正确无误，只要能做到合情合理就足够了。
- 勤于问路：不同的创始人对财务有着不同水平的领悟力，但他们必须保证财务预测建立在现实基础之上。要做到这一点，一种方法就是学会向他人问路，随时征求意见，向那些经验更丰富的人获得财务方面的建议和指南。通过未来的客户、潜在供应商以及咨询师来检验你的假设。对假设检验得越多，对第三方反馈的使用越多，大多数投资者就会越愿意接受你的预测。

- 计划要有宏观性，执行要有微观性：投资者很清楚，要准确预测产品的商业化路径是非常困难的。我也需要在宏观层面上看待和理解你的财务框架。但处于这个层面之下的细节和假设必须能让我相信——你已经充分考虑了所有这些细节，而且拥有在微观层面上执行这些细节的计划。如果你的整体计划能说服我，那么，我就可以给你进行微观执行所需要的资源。
- 保持动态性和进化性：一定要让你的预测与时俱进，让你的假设保持动态性。如果你的预测时间是当年，而且当时已经进入12月，那么，这个预测对我来说就没有什么价值。在编制财务预测时，一定要按已实现的情况滚动调整预测的时间范围，确保预测具有超前性。因此，必须确保对预测进行实时更新，以反映企业经营的现实状态，比如说，不能在你预测能找到的时间内为关键管理岗位找到适当人选。通常，用于编制财务预测的软件应根据相关假设及关键输入变量进行动态的更新。因此，必须随时跟踪全部关键数据点的最新状态。切记，必须让你的财务预测建立在现实基础之上。在不能实现销售目标的情况下，我们不能简单地为了解决问题而重新去预测。相反，我们必须清楚，为什么没有实现销售目标，在找出问题之后，再去相应调整财务模式所依赖的假设。

作为投资人，我希望创业者勾勒出能牢牢吸引我并能让我心甘情愿掏腰包的财务状况。因此，你必须向我展示出你希望我们一同走向财富之路的投资路线图。如果能将宏观预测框架和创业者需要为之承担责任的微观现实结合为一体，那么，投资人也就拥有了与创业者共同前进的基础。在当下瞬息万变的经济环境中，我当然希望有一位值得信赖的司机，带着我沿着平坦的道路走向梦想中的目的地。投资人担心的不是迷路，而是和永远不会停车问路的司机成为同路人。

走出幻想，驻足现实

很多创业公司在推出产品之前习惯于隐身前行。所谓的隐形模式，适用于那些习惯于这样说的人："嘘……，不要告诉任何人我们在做什么。一旦他们知道了，就会剽窃我们的创意。"

这种方法带来的问题就是内部偏差。如果你正在获取的全部信息均来自于你自己，那么，你怎么能验证这些信息的真伪呢？史蒂夫·布兰克是这样表述其逻辑缺陷的：

- 再聪明的意见，终究还只是一种猜测。
- 拥有事实的最愚蠢的人，也要胜过任何只有意见的人。
- 躲在屋子里永远看不到事实，所以，一定要走到外面去。

走出屋子、步入现实是当下"精益创业"运动最核心的原则之一。它基于如下这样一个假设：顾客反馈的价值远超过保密带来的好处。因此，我们不能闭门造车地在车库里待上两年，去构建所谓的解决方案，然后再把解决方案提供给顾客，而是应该尽早地、经常性地向市场和顾客推出产品。这样，你可以直接与最终用户开展合作，推动解决方案的成长并塑造其价值主张。千万不要因为只听信你自己认为最聪明的人而犯错误。因此，我们可以把这个问题变为："如果商业计划不是最先和顾客接触，那么，你觉得应该在什么时候进行第一次接触呢？是在确定产品之前还是之后呢？"

在 Techstars 的 90 天加速器计划中，关键活动之一就是将各公司的产品和创意展示给形形色色的导师。前 30 天包括一项名为"导师鞭策"的强化体验。在经历了 20 次导师会面后，创业者会意识到，他们已经取得各种各样的建议，其中甚至包括很多相互矛盾的建议。与此同时，创业者会被告知，他们所听到的仅仅是数据——至于哪些数据有效、哪些数据无效以及如何处理这些数据，则是创业者自己的事情。尽早面对相互冲突的数据，可以让创业者认识到收集更多数据的价值，毕竟，他们需要找到有助于完善产品的模式。

"精益创业机器"的朋友们开发出一种有助于新企业走出思维、进入实践的工具。他们将这种工具称为“检验板”，用于帮助创始人抓住重心、聚焦重点（见图9－1）。“检验板”要求创业者在构建或编码最小可行产品之前对其独有的价值主张进行检验。

图9－1 检验板

B计划

在20年的风险投资生涯中，我们从未见过能真正按计划进行的项目。事物是千变万化的，而且创新性事物瞬息万变。因此，每个机会都需要一个备份计划——B计划。实际上，创业者还需要C计划和D计划。

在理想的情况下，你的产品、解决方案或服务会有多种用途或用户类型。例如，律师事务所的计费软件不仅完全适用于会计师事务所，而且还可以用于其他非计费目的。了解实现创意货币化的各种机会似乎是评估阶段的关键。

事情是变化的，会出现新的竞争对手，政府会废除某些规制，关键人员会离开企业。能在第一方案行不通的情况下制订多个备用计划，是一名杰出创业者的关键特征。

创业者的观点：Disqus

丹尼尔·哈（Daniel Ha）

我们之所以要创建 Disqus，是因为我们关心在线社区。也就是说，出于在线社区的传统认识：留言板、论坛、Usenet 组和 IRC 频道。它们是极客和专业人士聚集在一起进行分享和相互学习的平台，完全不同于和朋友及家人进行分享的一般社交网络。在我们看来，在线社区才是让互联网发生神奇效应的核心。Disqus 正在开始探索如何以不同于以前的方式解开这个价值之源。

因为 Disqus 的使命就是我个人的事情，因此，创建产品和企业本来就是一个机会，而且我很清楚，这是一个值得我花费大量时间去追求的机会，是一个值得我深入考虑的机会。

在使用 Disqus 之前，用户需要在其网站上安装 Disqus。这就是他们唯一应该做的事情。事实证明，以这种工具建设在线社区对我们来说是成功的，因为它可以让 Disqus 以非常快的速度建立起网络。在相对较短的时间内，这个网络便跨越了数百万家网站，并吸引了数十亿次网页浏览。

但我们最初并没有意识到这个商机。最初，它是完全免费使用的。人们会为此付费吗？我们是否是在建立一家软件服务公司呢？我们尝试了很多种模式，并开始逐渐缩小到一个核心假设。具体地说，就是关注人们如何使用我们的产品并理解我们所服务的企业类型。不管我们最终采取怎样的商业模式，我们都必须清楚，这个社区网络为我们提供了在规模和范围上无与伦比的机会。而且我们深知，我们正在建设的公司，必须拥有一种与产品规模相匹配的收入模式。

所有这一切从根本上意味着，我们在最初并没有真正的商业计划。但随着产品采纳的快速、持续增长，我知道，我们正在做的是很多人感兴趣的事情。而直面真正竞争而成长的事实则表明，我们所做的事情是正确的。在很早的时候，我们便归结出 Disqus 可以采取的收入方式。为此，我们必须考虑到各种不同的途径，因为我们很清楚，归根到底，要建立一家有价值的企业，我们必须拥有多个产品所形成的多个收入来源。因此，最重要的事情就是为识别名副其实的产品与市场匹配提供条件。

软件即服务模式并不适合我们。这倒不是因为没有这个市场，而是因为建立这种类型业务不符合我们的核心使命。我们不可能自然而然地就能做好这件事，也没有太多的愿望去做好这件事。我深深地感受到，如果继续下去，我们只会建立一家我不想继续为之奋斗的企业。因此，我们做出了一个大胆决定，放弃这个不断增长的收入来源，彻底转向另一种业务类型：广告及媒体。我们知道，作为一个拥有足够规模的网络，我们拥有的不只是产品，而是一个庞大的生态系统，它对我们这个市场的很多不同部分都是有价值的。

这显然是一个更雄心勃勃的计划，而且也是一个更难执行的计划。但这毕竟是一个支持最初使命而且有助于将梦想化为现实企业的机会。

投资人的观点：Disqus

纳瓦尔·拉维坎特（Naval Ravikant）

2007 年底，我在孵化器 Y Combinator 第一次见到丹尼尔。当时，我一直在试验病毒性增长应用程序（它在那时还是一个相对较新的基本框架），而且在线社区的建立速度已经给我留下了深刻印象。在展示日那天，我和丹尼尔聊了一会天，他留给我的印象就是少言寡语，能力超群。

丹尼尔是一个非常专业的人——他总能跟上我的思维，并不失时机向我征求意见，而不是一心只想着让我投资。随后，我又参观了他们的公寓兼办公室。当时博客评论的状态糟糕得让人难以接受，而 Disqus 产品则远远超前于已存的评论体系。当时我个人使用的还是 Squarespace，这个刚刚出现的博客让我倍感折磨。此外，我始终坚信，每个产品在面向社会后都会变得更好。网络的未来不是将人和计算机直接连接起来，而是通过计算机将人们联系到一起。

之后，丹尼尔不断向我提供最新的信息——既没有刻意地吹捧，更没有施加压力，但也不是沉默不语。我们之间很快就建立起了信任。这也帮助该团队在短时间内完善他们的产品，并迅速扩张。他们的页面浏览次数从 10 月的 100

万次增加到11月的2 000万次和12月的3 500万次。显然，他们正在创造奇迹。

对于像Disqus这样的产品来说，最困难的部分就是实现货币化。要通过聊天式社交应用程序实现利润，首先就需要非常可观的规模，因此，这需要在理念上有一个巨大飞跃。在任何情况下，社区都具有黏性、隐含着巨大的价值，博客正在扩张，而Disqus的发展更为迅猛。就在那一天，我就打下赌注：随着时间的推移，规模巨大、日趋扩散的社区必将不断地带来价值，而Disqus完全有能力吸引广告商的关注。就在这一年，我还投资了其他几个类似项目。尽管大多数项目均以失败而告终，但幸运的是，Twitter和Disqus成功了。

我和同在考虑这项投资的弗雷德·威尔逊（Fred Wilson）进行了尽职调查。这个创业团队给我留下了非常深刻的印象，以至于我向团队提供了一个独立的投资条款清单，但最终搭上了弗雷德的投资便车。

丹尼尔并没有在病毒式营销方面从我身上得到多少好处。事实上，他根本就不需要这样做——因为产品本身就足以吸引我了。和所有最优秀的公司一样，Disqus的创业者们拥有超人的智慧，因此，他们根本就不需要趋利而来的投资者。

注释

1. Steve Blank, “No Business Plan Survives First Contact with a Customer—The 5.2 Billion Dollar Mistake,” Steve Blank’s blog, November 1, 2010, http://steveblank.com/2010/11/01/no-businessplan-survives-first-contact-with-a-customer-%E2%80%93-the-5—2-billion-dollar-mistake/ and “No Plan Survives First Contact with Customers—Business Plans versus Business Models,” Steve Blank’s blog, April 8, 2010, https://steveblank.com/2010/04/08/no-plansurvives-first-contact-with-customers-%E2%80%93-business-plansversus-business-models/.
2. 经大卫·科恩允许后改写，“Launch Early and Often,” *Wall Street Journal*, Accelerators, July 29, 2013, http://blogs.wsj.com/accelerators/2013/07/29/david-cohen-launchearly-and-often/.

3. David Cohen and Brad Feld, *Do More Faster* (Hoboken, NJ: John Wiley & Sons, 2011), 20.
4. "Summary of Startup Genome Report Extra: Premature Scaling," Compass blog, April 2, 2013, http://blog. startupcompass. co/pages/summary – of – start – upgenome – report – extra – premat.
5. "创智赢家"创投真人秀节目，第五季第一期。

第十章 推 介

Startup Opportunities:
Know When To Quit Your
Day Job

推介是指书面和口头形式的企业展示和游说活动。很多投资者认为，创业者的推介展示能力与企业的未来成功之间存在着因果关系。有些投资者甚至认为，不能有效推介的创始人必定要遭受失败，因为不能说服别人接受你所说的企业优势，你就难以吸引投资者、员工、合作伙伴和客户。

最简单的推介形式被称为“电梯游说”（elevator pitch）。顾名思义，电梯从底层上升到20层的过程中，你只有一分钟的时间向其他人介绍你的企业。最简单的推介通常包括两个方面：你的企业在做什么，我为什么要关心你的企业？伟大的企业家可以让他们的介绍既能给别人留下深刻印象，又不会让人感到生硬。电梯游说的目的就是让听众产生兴趣，因而会进一步了解你的企业。

无论你正在面对的任务是什么，都需要进行一次出色的电梯游说。你想募集资金吗？那你就必须介绍自己的企业；你想吸引顶级的员工吗？那你就要推介自己的愿景；你想吸引战略合作伙伴吗？那你必须介绍和你共事的好处；你想增加产品的销量吗？那你就要展现自己的产品解决方案。电梯游说描述了企业感受到的客户的痛苦，以及你的产品解决这种痛苦的方式。对这种痛苦的阐述不仅可以体现市场对产品的需求，也包括对市场规模的某些理解。

优秀的电梯游说有如下四个特点：

1. 简明扼要：不要超过一分钟。
2. 清晰明了：不要使用拗口的术语。
3. 富有说服力：能吊起人们的胃口。

4. 不容置疑：你的陈述难以反驳。

下面这个例子是 eBay 的超简化版推介：

一个人的垃圾或许就是另一个人的宝贝。我们的在线销售平台将来自世界各地的买家和卖家联系到一起。有些人正在想办法卖掉他们自认为是垃圾的东西；而其他人则希望买到他们自认为是宝贝的东西。

在产品和受众之间创造情感纽带，是激励消费者购买产品的最佳方式。比如说，ShamWow 对客户的推介词是这样的："ShamWow 会洗涤，会干燥，会清洗抛光任何表面。它就像一条毛巾、麂皮和海绵的混合物！"这句宣传语会让人们想到用普通纸巾清理大块污物时产生的那种厌恶感。

凯瑟琳·朗宁（Catherine Langin）曾为"矿工午餐盒"做推介，这种午餐盒实际已销售了 50 多年。通过分享这种产品及其发明者里奥·梅（Leo May）的历史，她唤起了人们的怀旧情结。在提到该产品以前已赚取利润之后，一位投资者称："虽然我很喜欢这个故事，但我很乐意听到你们赚钱的结果。"而凯瑟琳随后则解释说："里奥·梅已卖出了 100 多万份套餐。"此言一出，便让"龙之穴"的投资者们垂涎三尺，他们很清楚，"矿工午餐盒"是一笔可以使他们赚钱的投资。

简单推介（10 分钟以内）

尽管电梯游说通常只有一分钟，而一旦你成功，就会有人邀请你进一步介绍你的业务，在这种情况下，你就需要更长版本的电梯游说了。这种简单版本的推介应持续 5～10 分钟，深入讨论你正在做的事情，通常应包括相关问题、解决方案、目标市场、竞争、团队、财务状况以及预期将要达到的里程碑。

详细推介（30 分钟）

详细推介是指投资者展示。尽管关于投资者展示的资料已经很多了，但我们最喜欢的模板则出自于著名作家兼风险投资人盖伊·川崎（Guy Kawasaki），他建议，所有推介都应遵循"10/20/30 格式"的 PPt 标准，即：[2]

1. 采用不小于30号的字体。

2. 持续时间不超过20分钟。

3. 幻灯片的数量不超过10张。

这听起来似乎很简单，但实际上并非如此。将幻灯片的数量限制在10张以内，我们就可以将重点集中到关键问题上。扩大字体的大小，可以保证幻灯片突出主题，而不是事无巨细。而限制展示时间则可以确保留出讨论的时间。

尽管这10张幻灯片是可以变化的，但一个好的框架都应包括以下内容：

1. 问题：是谁的问题？这个问题有多严重？现状怎样？

2. 你的解决方案：你的解决方案是否比现有方案好上10倍？是否可在规模上扩展？所有权如何？是否好于现有状态？

3. 商业模式：谁向谁支付费用？谁是用户？谁是付费顾客？

4. 基础技术：你的产品是基于哪种知识产权？这种知识产权的来源是什么？

5. 营销和销售：你将如何吸引用户？获取顾客的成本是多少？

6. 竞争：还有谁在从事这项业务？你和他们有什么不同？你为什么能打败这些对手？

7. 团队：你的"人才三角形"里有谁？谁拥有商业头脑？谁有相关领域的知识？谁拥有实战经验？

8. 未来预期及里程碑事件：你将如何使用收益？哪些关键时点即将到来？

9. 状况和时间进程：迄今为止你已经实现了什么？下一个价值拐点是什么，以及将出现在什么时候？

10. 总结和方案：你准备筹集多少资金？这与投资者的投资主题、现有投资组合及其最新投资是否匹配？为什么说你是他们下一个可以信赖的机会？

是否需要商业计划

在互联网泡沫之前，商业计划还被视为筹集资金所必需的文件。在1999年左右，也就是当这场泡沫进入鼎盛时期，商业计划不幸失宠，在那时，创业者只需一个计划纲要即可筹集到数百万美元，而且这种计划通常采取 PPt 演示格式。 大多数商业计划或计划纲要均采取包含如下 9 个关键点的模板：

1. 公司概况。
2. 市场。
3. 问题/机会。
4. 解决方案/产品。
5. 商业模式。
6. 团队。
7. 上市计划。
8. 里程碑事件/指标。
9. 财务预测。

需要牢记的是，如果不能首先接触到顾客，任何商业计划都不会有生命力。 因此，从企业家开始实施商业计划那一刻起，它就已经过时了。 以前，企业家可能花费数百小时制作一份甚至不能阅读的商业计划，不过，这样的计划肯定需要继续完善的。

今天，商业计划已被基于“商业模式画布”的概念所取代，这个概念出自亚历克斯 · 奥斯特瓦德等人的《商业模式新生代》（*Bussiness Model Generation*）[3] 一书。 “精益画布”则是很多创业公司采用的“商业模式画布”版本。

“精益画布”以视图形式展示了商业计划九大要素的核心假设，并着重突出如下方面：

1. 问题。
2. 顾客细分。
3. 独特的价值主张。
4. 解决方案。
5. 渠道。
6. 成本结构。

7. 收入流。

8. 关键指标。

9. 特有优势。

但不同于定期更新的商业计划，“商业模式画布”是逐日更新的。创始人的目标就是审查画布中的每个假设，并根据客户开发过程中与潜在客户的实际互动情况确认或拒绝这一假设。因此，“商业模式画布”是一种有生命力、持续发展的现代版商业计划。

执行摘要

企业家需要掌握的另一种文件是执行摘要。这份 1 ~3 页的文件包括了业务关键要素的摘要，通常使用一个段落对传统商业计划的每个部分进行总结。作为一份易于理解和使用的文档，执行摘要的关键点在于合理，而不是正确。除描述业务概况之外，执行摘要还要向读者展示创始人在商业决策上的知识、知性及理性。

问答

围绕新业务与潜在投资者展开的大部分互动，通常都是从电梯游说开始的，而且几乎无一例外地以所提出的问题做结尾。顶级投资者不仅要倾听答案，还要考虑答案是如何给出的。创业者是否认真剖析过这个问题，还是不加思考地给出一个笼统的答案？创业者是否感到沮丧？所有团队成员是否都参与到创业进程当中？每个创始人是否都给出了相同答案？如果投资者不同意创业者给出的答案，创业者作何反应？

正如先前介绍辅导及导师的章节所述，创意探索是一个动态过程，其中必将出现很多错误。创业者在问答过程中如何互动，往往可以揭示出他们对企业的操作方法。有些创业者通过问题对受众感兴趣的主题进入深入研究。但有些创业者则把问题视做投资者对机会的质疑和否定。前者显然是最理想的反应，而后者则会带来问题。

创业者的观点：Next Big Sound

亚历克斯·怀特（Alex White），联合创始人之一

从最初的项目推介角度看，为什么说 Next Big Sound 是一个很好的投资机会呢？我们有诸多因素支持这个观点。首先，我们定位于一个拥有数十亿美元价值规模的全球性热门行业。从音乐消费方式看，我们正身处一个规模巨大、有据可查的破坏性创新阶段。其次，我们面对的是一个体型庞大、但却行动迟缓的老牌音乐会供应商 Nielsen SoundScan。对于哪些机会值得跟进以及音乐行业应如何利用数字技术，市场上普遍存在疑惑。

我希望自己可以这样说：我们的推介完全依托于最高端的经典理论，但是在现实中又远远不同于先前模式。

我们的创业始于 2009 年夏天形成的几个不同创意。大部分创意围绕着音乐行业，在几周时间里，我不停地和十几家乐队经理通话，以确认可以继续实施的想法。其中，我注定要提出的一个关键问题是："这是否足以弥补为之付出的代价？"通过这种方式，我们筛除了很多有趣、但却无法实现盈利的早期创意。

我们早在一年前就已开始开发一款消费应用软件，并在得到 Techstars 青睐时准备关闭这家公司。这一次，我们发誓要创建一个无须获得百万用户就能从第一天起创造收入的东西。

当时，和我们谈话的管理者还在到处搜索出现他们感兴趣的艺术家的所有网站，并用 Excel 电子表格记录新剧本、观看次数、粉丝及评论的数量。他们和助手从星期一工作到星期五，而且表格显示的数字也每天、每周都在增长。他们放弃周末休息时间，在每天不同时间收集数据，而且通常会花费全部时间去收集数据，而不是分析和理解这些数据。

这就是我们向这些人介绍我们软件的时机，因为我们的软件可以每天自动收集数据，并将信息导出到 Excel 表格。然后，他们就可以将这些数据与其他每一位艺术家的数据进行比较，并利用音乐会和事件数据进行交叉参考，以获得完整的背景资料。我们和这些管理者、代理人和其他还在手工收集和分析数

据的人进行了数百次谈话。

在夏季开始时进行的谈话中，还没有一位经理说：“嗨，你应该跟踪在线数据，并提供一份集中数据表，看看我们的艺术家表现如何。”直到我向他们展示我们的软件使用方法时，他们才开始说：“哇，如果你能跟踪我们每个对象的数据，每周都可以为我节省出很多工作时间啊!”

我们第一个创意的灵感，恰恰来自于这些潜在客户以极其耗时而痛苦的措施去解决的问题。我们知道，我们正在做的事情，是一件一直让全球艺术家、世界顶级音乐管理人及代理机构头疼不已、但又不不得不做的事情。

投资人的观点：Next Big Sound

詹森·门德尔松（Jason Mendelson），来自 Foundry 集团

我很快就意识到，Next Big Sound 是一个伟大的投资项目，这或许有点讽刺意义，因为它并不是我最初推介的投资创意。但我马上就被这个团队征服了。尽管还没有得到最终答案，但他们推介更多的是人、是他们的热情以及他们希望解决的问题。创业团队虽然还年轻，但却经验丰富，而且对行业与合作伙伴有着深入的了解和全身心的投入。更重要的是，他们不仅有智慧，而且富有自律精神。

虽然一个不吸引人的想法往往会促使我去考虑其他机会，但我却不能轻易放弃这个团队。他们很快就拿出可以成为撒手锏的想法。最初的推介通俗易懂而且极度煽情：像以前的棒球赛一样，音乐行业也是依赖于直觉、运气和长期以来的信仰。现在是硬数据的时代，尤其是考虑到“魔球”理论在体育产业中的成功。在了解到我是一名艺术家之后，他们为我进行了一次量身定做的推介。因此，我感觉到自己和这个问题之间存在着情感纽带，而且理性也告诉我，现代技术完全有能力为这个行业提供前所未有的洞见。而 Next Big Sound. 就是这个时代自然而然的产物。

我们以前就曾投资于音乐产业。我在 Foundry 集团中的合伙人赖安·麦金太尔（Ryan McIntyre）和我花费了无数个小时的时间，边喝啤酒边讨论音乐产

业的未来。但赖安和我的共同结论是，信息是无处不在的。但是在听完 Next Big Sound 团队的介绍后，我们才知道，自己完全错了。Next Big Sound 的创业团队认为，对于这个行业所发生的任何变化，必须知道的是事实，而不是意见，而他们就是那个发掘、发现、消化并提供关于这些事实洞见的团队。他们还让我认识到，大部分必要信息都是公开的，而不再滞留于某些付费的专有数据库之中。他们以最简洁的截屏方式展示其创业项目的神奇之处，并让我相信，他们完全能以最清晰简洁的方式提供不计其数的信息。

然后，他们又用简练的语言解释了项目的技术架构、他们对服务成本的假设以及他们认为的可行收费标准。在我们的讨论中，一个特殊之处就是潜在客户可能会讨厌他们的产品。正是因为这种讨论的诚实性、预见性和透明性，才促使我相信，他们从一开始就已经解决了最重要的增长问题。

我们最终之所以会选择投资，完全是因为他们所采取的全部常规性创业措施：打入一个即将发生巨变的大市场，拥有一个杰出的创业团队和一种稳健的商业模式。他们的优势就在于开诚布公，拥有强大的学习意愿，和一次回答了我所有问题的推介。尽管他们当时还没有开发出大量代码，但他们所打造的架构值得期待。然而，仅仅凭借他们对未来业务所掌握的数据量，再加上创业所依赖的理念和观点，就已经远远超过了我在当时所看到的绝大多数公司。

注释

1. “创智赢家”创投真人秀节目，第四季第三期。
2. Guy Kawasaki, “The 10/20/30 Rule of Power Point,” *How to Change the World*, December 30, 2005, https://guykawasaki. com/the_102030_rule/.
3. Alexander Osterwalder and Yves Pigneur, *Business Mode Generation: A Handbook for Visionaries, Game Changers, and Challengers* (Hoboken, NJ: John Wiley & Sons, 2010).

第十一章 融 资

Startup Opportunities:
Know When To Quit Your Day Job

我们对资本的需求可能会对我们手中的机会产生重大影响。 本章只是简要介绍了融资问题，而布拉德及其合作伙伴詹森·门德尔松所著的《风投的技术》（*Venture Deals: Be Smarter Than Your Lawyer and Venture Capitalist*）一书，则全面介绍了这个主题。

创业流程的蒂蒙斯模型（Timmons Model of the Entrepreneurial Process）[1] 将资源列为创业过程的第三个支柱（见图 11－1）。 虽然资源的内涵不仅仅是资本，但投资资本往往是最受创业者追捧的对象。

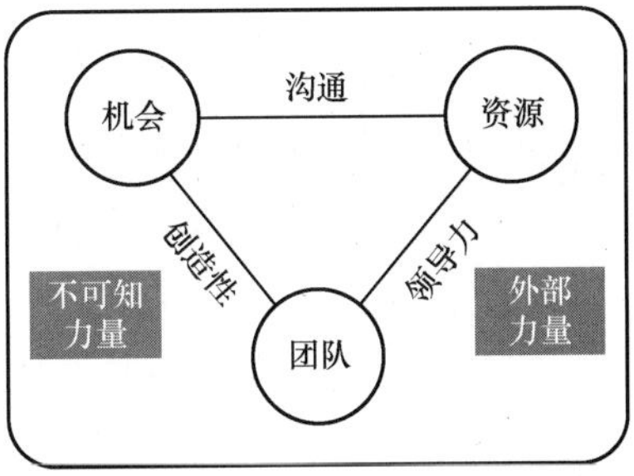

图 11－1 创业过程

资料来源：The Timmons Model, J. A. Timmons and S. Spinelli（1999）.

一定要认识到，很多公司对自有资金的需求是非常少的。 布拉德的第一家公司菲尔德技术公司（Feld Technologies）最初仅筹集了 10 美元，用于在三位创始人之中分配股份。 在很多情况下，即使不借助于大量外部资金，我们也能建立起一家成功的企业。 而在另一些企业中，你却需要大量的资金去维持经营、推动增长。

筹集资本是除了金钱以外的次要收益——也就是说，它是向市场发出的信号。不妨回想一下关于信号理论的介绍，当有经验的天使投资者或风险投资者投资于你的公司时，就可以带来一种强烈的光环效应。比如说，如果谷歌的埃里克·施密特（Eric Schmidt）这样的著名企业家为你投资，无疑将为你的初创企业带来难以估量的光环效应；而来自思科系统的战略投资，则是对你正在开发的新协作软件给出的最好证明。

与潜在投资人建立联系

要和投资人建立关系是一件很困难的事情，而且往往需要很长时间。我们完全可以将与投资人建立关系的原理比作约会。当有人介绍你和某个人约会时，你不可能马上就要求和对方成婚。相反，你会从认识的第一天起，通过更多的约会不断了解对方。随着时间的推移，你们之间建立起一种关系——或是演绎出一段美丽的故事并得以善终，或是毫无结果不了了之。因此，你与投资人建立关系也要遵循这样的模式。

Techstars Boulder 的董事总经理尼科尔·格拉罗斯（Nicole Glaros）曾有一句精彩的口头禅，这就是——“如果你想要钱，先得征求建议”。[2] 千万不要采取只为要钱的方式去处理和投资人的关系，而是采取相反的方法——先征求投资人的意见。不要一概而论——要尽可能地了解投资人所知道和经历的事情，并通过问题而不是答案来建立关系。

探索你能为投资人做些什么，而不是投资人可以为你做什么。在博客上备受欢迎的风险投资家弗雷德·威尔逊说，对他不认识的人来说，要吸引他注意力的最佳方式就是参与风投社区，评论他在博客上发布的帖子，并将这种定期的互动作为认识他的方法。另一位风投博客达人马克·萨斯特尔（Mark Suster）则指出，他喜欢投资于连续的线条，而不是分散的点。[3] 请记住，你是在建立关系。因此，多花点时间，用投资人希望看到的方式去做事，而不是咄咄逼人，用所谓的普适性方法去降服他人。

谁是提问者

你好。我叫鲍勃，来自布法罗市。我所在的 BuffaloWingz 公司解决了溅到键盘上的热酱问题。我们正在寻找以 5 万美元取得公司 5% 股份的投资。

这样的推介听起来很熟悉吧？这也是大多数创业者在“创智赢家”和“龙之穴”的开场白，但结果几乎是清一色的事与愿违。

在为你的公司筹集资金时，投资者通常会设定投资价格。虽然创业者应对公司的潜在估值持有意见，但他们不应该在与潜在投资人讨论的前几分钟里就透露这个数字。

需要记住的是，公司的估值是可以讨价还价的。估值本身是一个契约术语，本身就是由当事各方协商确定的。估值不是由公式设定的，也不依赖于某个明确的参数——比如公司的收入。投资人愿意支付的价格会受到投资者近期融资历史、类似公司的当前市场估值以及业务所处阶段的影响。最重要的是，如果有若干投资人对你的企业感兴趣，那么，你就可以对估值有更大的发言权。

投资人特别是风险投资人，大多希望持有足够的股份，只有这样，投资对他们才是有意义的。另一方面，投资人也希望保证创始人在企业中维持足够的利益，作为对他们付出的回报和激励。

收益使用

如何使用收益，就是你打算怎样来使用这笔钱。在讨论收益的使用时，不仅要考虑准备使用这笔钱做的事情——譬如聘请三名来自海湾地区的销售人员，还要考虑这些行动带来的结果——比如，取得额外的 200 万美元年度经营性收入。一旦你与投资者开始交往，就一定要开诚布公地谈论成功的意义，以及你会如何定义成功的标准。

在推介 Toddlerobics 时，[4] 创始人卡特里娜 · 米哈雷斯（Katrina Mijares）被投资者问及筹集资金的原因。她的回应是，“该方案将覆盖市场研究和广告发展”，以确立产品的品牌形象。但这不能令投资者满意，于是，对方继续追问卡特里娜：

“你们并没有提出建立这个品牌的流程，我也没有听说过任何为建立品牌而采取的措施。”相比之下，Schmotoboard[5] 的创始人特雷弗 · 比尔比（Trevor Bielby）则对同一批投资者给出了不同的答复：“用于建立库存，将在店面上摆设 100 套产品。我在卡尔加里有商店愿意销售这种产品。我打算外包，但一定要外包给朋友；我们可以每周卖 100 套。”比尔比对为什么需要筹集资金的原因解释得非常具体，而米哈雷斯的回答显然过于笼统。

和所有基于未来行动的财务预测一样，对投资者来说，最重要的就是要保证创始人是合理的，而不一定要正确。没有人指望你准确了解新员工的销售金额，但他们肯定想知道，在特定的时间段内，这些新员工的成本是否低于需要筹集的资金。

以最低的筹资额度去实现下一个目标

确定要向投资人要多少钱是一个复杂而棘手的问题。如果要得太少，就有可能在实现目标之前用光全部资金。但要得太多，则有可能过早放弃太多的股份，或者因为不切实际的要求而吓跑潜在投资人。

经常有人问我们，创业者到底应该筹集多少资金合适。我们认为，你应该筹集到的金额应该是开展下一项业务所需要的最低金额。作为企业家，无论是所需要的最低金额，还是下一个目标的内涵，应该是你可以自主定义的。在此基础上，再增加 3 ~6 个月的资金缓冲。因此，你的任务就是在企业达到下一个价值拐点之前，不再需要筹集更多资金。

在达到一系列里程碑事件并就此增加企业价值、降低经营风险时，你的价值拐点就出现了。它们是你在成功之路上的起步阶段。常见的价值拐点包括：

- 推出一种产品。
- 将产品销售给你的第一批顾客。
- 将试用性顾客转变为经常性顾客。
- 实现收入与费用的盈亏平衡。
- 成功打入第二个市场。

确定所需筹集资金数额的另一种方法是以“侯世达法则”（Hofstadter's Law）[6] 为基础，该法则认为，大多数项目为实现目标所需要的实际成本为预计成本的三倍，所花费的时间则是预计时间的两倍。

假设 X 为筹集的资金金额，以美元表示；

假设 B 为每月耗用的资金金额（即，公司每月经营所支出的成本）；

假设 Y 为下一个价值拐点（即，下一个需要达到的重要里程碑）；

假设 T 为获得资金后达到 Y 所需要的月份数；

那么，上述法则可以表述为如下公式：$X = 2\times T\times B$。

如果一家创业公司每月需要耗用 1 万美元的资金，那么，在达到盈亏平衡点之前的六个月时间内，公司应寻求 12 万美元的投资（$X = 2\times6\times10\,000$ 美元）。

切莫不要将这个公式当作普适性规律，相反，应该把它作为一个近似计算融资金额的起点。归根到底，我们必须确保拥有足够的时间和金钱去实现下一个价值拐点，与此同时，以足够的缓冲去应对创业过程中的变幻莫测。切记，在所有创业企业中，唯一确定的因素就是每家创业企业都拥有高度的不确定性。

向合适的投资人取得投资

不同的投资人会投资于创业企业的不同阶段。如果你还处在创业旅程的最初阶段，就应该从天使投资人、朋友和家人入手。一旦拥有可以在市场上出售的产品，并形成一定的成长动力，你就可以求助于针对早期阶段的风险投资人。提前进行研究，确保站在你面前的投资人与创业企业的类型和阶段相匹配。

吉姆·卡梅伦（Kim Cameron）的“融资频谱”（Spectrum of Financing，见图 11-2）可追溯到 20 世纪 90 年代，在那个时候，将一种新产品推向市场往往需要耗用数百万美元。今天，产品上市的成本已大幅减少，诸如精益创业等方法可以帮助创业者用非常有限的资本取得长足发展。那么，这些变化对创业公司的融资周期又有何影响呢？我们不妨把卡梅伦于 1998 年在 T. A. Pai 管理学院提出的这个模型与托尼·贝莱蒂（Tony Bailetti）和索尼娅·波特（Sonia Bot）在 2013 年提出的修订模型进行比较（见图 11-3）。

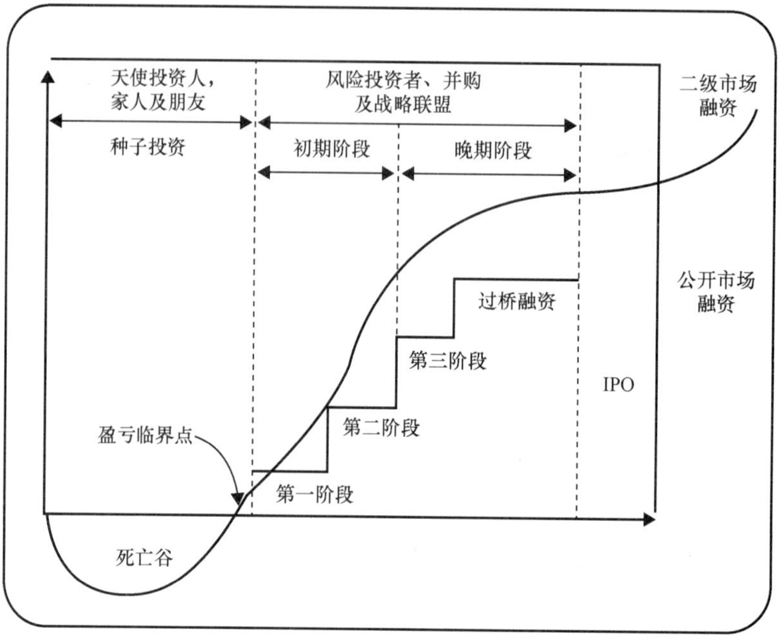

图 11-2　卡梅伦（1998）的“融资频谱”模型[7]

	1 成熟的创意	1 机会的开发	1 加速开发并向第一批顾客实现销售	1 扩大规模，形成企业
成果	业务假设、产品创意和实验性产品原型		最小可行产品	成型产品
顾客	需要解决的问题		用户，第一批顾客	付费顾客，每年100万美元
现金	家人和朋友	经济性开发	天使投资人	投资者
组织	单一创始人	创始人团队	最小可行组织	扩大规模，提供六个以上的职位

图 11-3　走向成功的生命周期阶段模型[8]

资料来源：Tony Bailetti and Sonia Bot, *Spectrum of Finance for Lean Startups* (2013)。

在 20 世纪 90 年代后期，数以百万美元计的风险投资投入那些没有收入、没有市场吸引力甚至尚未经过验证的商业模式。现在，也就是在 20 年之后，风险投资公司通常只投资于经过市场验证且具有可扩展业务模式的公司，或以前曾有过合作且已经实现投资目标的创业者。

今天，种子融资的目标是为了创建最小可行产品，并确定产品与市场的匹配性。这显然与 20 年前有了很大的不同，当时，首轮风险投资资金的第一目标就是为了创建和推出产品。

除了投资于不同阶段之外，投资人还开始专注于特定行业、行业板块、公司类型及地域。通常，投资于 B2B 软件即服务型企业的投资人很少投资于天然食品型企业；投资于美国西北地区的投资人很少涉足设在纽约市的公司。

并非所有投资人生来就是平等的。有些投资人有机会接触高价值企业——他们既可以参与后续融资，也可以通过自身的参与提振其他投资人的信心，因此，他们往往比那些只能为企业带来现金的投资人更有价值。投资人、特别是风险投资公司的声誉，以前一直是非常不透明的，而且难以确定。随着当下全球社交媒体带来的互联互通，也让了解投资人的偏好和行为变得更容易。除非你只有一个投资人可供选择，否则，你就有必要对他们做足功课，就像他们对你进行的尽职调查那样，深入了解这些投资人。

在市场上资金充裕时筹集资金

当下，很多公司在需求尚未到来之前就开始大规模融资。这不仅与以最少资金实现下一个新目标的观点相矛盾，而且完全有悖于由市场条件决定的企业运行规律。目前，寻求未来发展机遇的早期资本供应已远超过需求。但形势不可能永远这样，它会因为企业发展阶段、所在的行业门类、地域以及时间的变化而出现巨大差异。

一般来说，初期和后期的融资相对较为容易，但筹集中期资本则较为困难。在已建立起健康的创业文化的地区，[9] 往往会形成一种充满活力的早期投资氛围。其中，很多有经验的创业者已经从以前的企业中成功退出，并开始投资于新的企业，再加上一些以早期阶段为目标的风险投资人和其他富有人群也会被吸引到这里进行投资。比如说，如果你想在科罗拉多州博尔德这样的城市创建一家公司，就可以直截了当地先行融资 100 万美元。

如果你拥有一家成功的企业，这个企业已成功跨越多个价值拐点，并正处于快速增长阶段，那么，筹集后期资本就会比较容易。对于那些希望投资超过 2 000 万美元的机构投资者，例如刚刚组建的风险投资公司和私募基金，根本就不会在乎你的企业身在何处。后期资金的目标就是盈利。

不管你身在何处或是处于哪个门类，在第一个 100 万美元和最后一个 2 000 万美元融资之间的中间融资往往是最难以获得的。因为此时的融资需要“你必须证明给我看”，也就是说，你已经取得了一定的发展，但还没有达到你的成功已毋庸置疑的地步。

要善于把握机会，但也要认识到周期性的存在。有些事情今天看来很容易，但马上就会变得很难，只是你不知道变化会发生在什么时候而已。

你不是例外

当专业投资人创建风险投资基金时，他们首先要明确自己的投资主题。联合广场风险投资基金（Union Square Ventures）是过去十年中最成功的基金之一，令他们声名显赫的一个优势，就是从网络原则出发定义出成功新企业的未来，并总结为“通过参与性用户、用户体验差异化并以网络效应实施防御的大型网络”。[10]

投资人通过定义投资对象而确立自己的领土。在某些情况下，甚至可以将投资主题归结为一套规则，如：

- 我们只投资于按加拿大或美国法律成立的创业公司。
- 我们只投资于从事物联网业务的创业公司。
- 我们只投资于可扩展的创业公司。
- 我们只投资于已通过实践证明其商业模式且收入已超过100 万美元的创业公司。
- 我们只投资于可在未来五年内成功退出的创业公司。

虽然大多数风险投资公司会在网站上披露其投资主题，但很多创业者却未能认真研究并尊重这些投资人的目标。这种现象始终存在——比如说，很多餐馆到 Techstars 寻求资金，专业服务公司经常抱怨无法获得足够的资金。

不要以你是风险投资公司战略的例外来自欺欺人。在找到风险投资公司之前，一定要做足研究。向以项目后期为目标的投资者寻求种子资金是没有意义的。如果你还不确定投资人的投资主题或投资对象，那么，只需调查他们最近投资的五家公司，即可根据五笔投资的共同点找到答案。因此，一定要花更多的时间去研究你即将面对的投资人，用更少的时间去说服投资人。

很多企业家认为投资需要以外部证据来验证。创始人的疯狂想法值得追求，企业家投入的长期努力或是展现在眼前的财富之路，都可能被当作投资证明。但这些证据显然是错误的。虽然投资可以带来光环效应，但取得资金本身显然不是最终目的。太多的创业者将能融资当作荣誉的象征，而不是需要投入更多努力的信号。筹集资金更像是给汽车加油，尽管要付出昂贵的代价，但却是必需的。一旦做到融资这一步，你就需要对投资人承担新的责任。大多数创始人认为，融资的关键在于他们进行的推介次数，对外进行的推介活动越频繁，就越有可能筹集到资金。这往往是错误的，因为质量显然比数量更重要。明智的创业者不会用 100 个小时去进行 50 场毫无特色的推介，而是用 100 个小时去开展 5 场令人心醉的推介。他们应该把大部分时间用于对潜在投资人进行尽职调查，了解谁将适合自己以及背后的原因。对移动电信投资者介绍生物技术项目显然毫无意义。同样，向从事清洁技术的天使投资人宣传赌博软件也是没有意义的。将公司与潜在投资人的创业主题相匹配是最关键的一项前期活动。当然，也没有必要向相同的投资人进行一次又一次的重复推介。创业者应该以更少的时间进行推介，以更多的时间进行研究，并为与投资人建立关系创造基础。

为什么说不只是“是与非”的问题

即使你已经找到了理想的投资人而且最终实现会面，但这依旧只是整个过程的开端。切记，这个投资人或许是你唯一的目标投资者，但你却未必是这个潜在投资人的唯一选择。对风险投资资金的需求已远远超过了理性投资的供应。投资人的标准包括：

- 对于你遇到的每 1 000 个计划，与你会面的应该在 100 个以内。
- 对于你会面的每 100 家公司，你只能对五家公司进行尽职调查。
- 对于进行尽职调查的每五家公司，你最终只会投资于一家公司。

一家东海岸的著名投资基金在去年调查了 3 000 家公司，但最终只投资了其中的十几家公司。 同样，位于旧金山湾区的一名投资者在去年接受了 1 万次咨询，但最终只进行了 10 笔投资。 在 Techstars 申请资金项目中，通常会在 1 000 多个项目中选择 10 个项目进行投资。 一般情况下，投资人的筛选流程近似于图 11－4 所示的漏斗形。

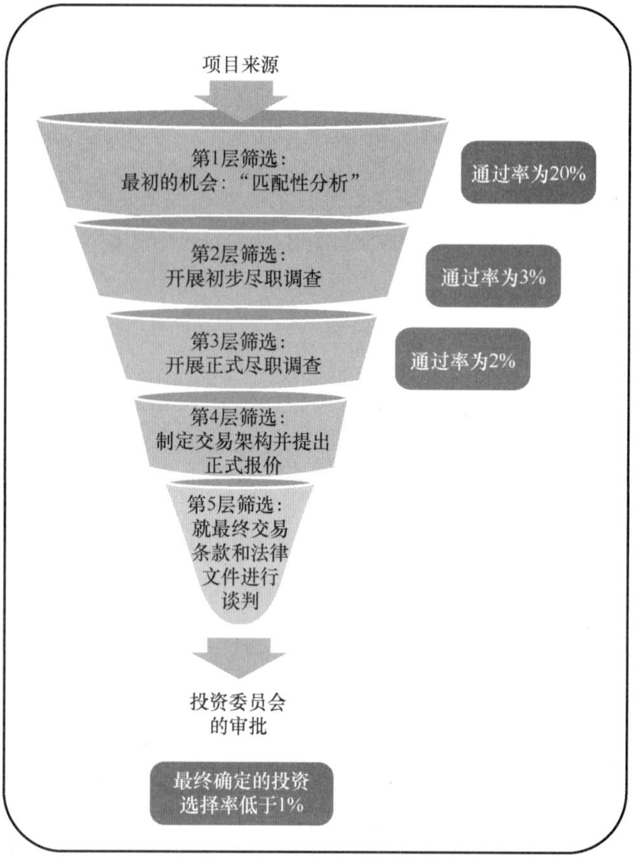

图 11－4　投资人的项目筛选漏斗

按照这样的筛选通过率，风险投资公司只会给不到 1%的推介项目进行投资，也就是说，每年得到资金的项目不可能是数百或数千个。 但企业家往往不会听到投资人说“不”。 相反，他们会听到这样的答复：

- 如果你找到一个牵头投资人，我们或许有兴趣参加这一轮融资。

- 我喜欢这个项目，但是我的合作伙伴不喜欢。
- 当公司更有吸引力时，我们可能会感兴趣的。

实际上，在这些说法中，每一个都是不同形式的拒绝，只不过是用词较为含蓄而已。但即使听到这样的回应，对企业家来说也是开心的，因为大多数投资人根本就不会给任何回应。通常，投资人只是保持沉默或放慢对话。很多投资人没有明确说明是出于如下几种原因：

- 选择权的借口：投资人希望为以后的投资留下空间，因为他们认为，在未来的某个时日，他们或许希望参与投资。
- 错失交易的借口：投资人不想成为那个承认错过一家成功企业的家伙。[11]
- 坏人的借口：投资人当然不想成为坏人。他们认为，无论给出怎样的理由，创业者都会说"你根本就不明白"，而且投资人根本不想继续将时间浪费在这个对话中。

但并不是所有投资人都不愿意直接拒绝。布拉德尽可能地对不满意项目直接说"不"。[12]他和其他很多风险投资人在博客上解释他们感兴趣的项目以及进行投资的理由。有些投资人始终坚持将意见直接反馈给他们遇到的每一个创业者。

理性看待自己的估值

尽管可以通过很多方式对非上市公司进行估值，但归根到底，估值完全是一个主观概念。投资者通常会通过评价诸多关键要素来确定合理的交易价格，但估值也体现为你愿意放弃多少股权以及投资可能带来的潜在回报。那么，投资人会如何确定一家公司的价值呢?

从根本上说，他们是根据已投入资金、潜在收益及业务的具体风险、市场当前状况、针对交易而产生的竞争及其几十年的经验进行估值。只有当投资人和企业家对企业价值的数字达成一致时，才能确定企业的真正价值。

在互联网泡沫时期，网页浏览量（用户访问你网站的次数）成为企业潜在价值的重要指标。在 Web 2.0 的鼎盛期间（2003—2007 年），网站的注册用户数量成为主要标准。而在金融危机爆发（2008—2009 年）之后，收入和 EBITDA 成为首选。

十年之前，产品从形成到上市需要500万美元。2010年，这一数字下降到5万美元。随着资本要求的降低，很多投资人、特别是针对早期创业阶段的投资人已经对估值不屑一顾，相反，他们开始使用可在下一轮融资中转换为股权的可转换债券，而且转股价格通常低于下一轮投资者需要支付的价格。

一位创业者曾向包括全球比萨巨头吉姆·特莱里文（Jim Treliving，波士顿比萨的总裁）在内的投资人推介 Pizza Pak，[13] 这种塑料比萨饼盒可以替代原来的纸板箱。创业者对自己的公司报出了100万美元的估值，但他此时还没有卖出一个比萨盒。这位创业者声称，他的产品将给比萨生产行业带来革命性改造，但他却无法提供任何销售记录或来自顾客的证明。尽管特莱里文提出 Pizza Pak 缺乏关于实用性的专家意见，但这位创业者依旧固执己见。夸张的估值、缺乏证据的主张以及自认为比特莱里文更了解比萨行业的盲目固执，只会降低创业者的可信度。

即使天使投资人也需要投资委员会

向天使投资人融资就一定比向风投融资更容易吗？很多人都有可能会这么想，因为天使投资人通常是高净值个人，他们用自己的钱做投资。此外，大多数风投为每家公司的投资大多可以达到百万美元，而天使投资的平均规模则是数十万。

但现实并不这么简单。与大多数 VC 不同的是，天使投资人是用自己辛苦赚来的现金做投资，和用别人的钱做投资相比，用自己的钱自然会让他们谨小慎微。另一点不同于 VC 的是，天使投资委员会不是由经验丰富的私募股权专家组成的，他们更有可能是投资人的家人。天使投资人通常没有支持性的基础力量为交易出谋划策，如分析师和投资助理。最后一点，很多天使投资人甚至没有看过几份投资协议，更不用说和创业者进行谈判了。因此，进行天使投资所耗用的时间和精力似乎不亚于风险投资。

但这种情况也在发生改变。通过股权众筹平台 AngelList 之类的创新手段，天使投资得到普及，开始向更多的公司和投资者敞开大门。

下面这个来自北美最大民用无人机厂商 3D Robotics 的创始人及投资者示例，为我们展示了创业投资的全过程：从一个意想不到的发现到单纯的创意，从最小可行产品到最终产品，再到大规模的机构融资等。适当的创业团队、相应的专业知识、正确（可以理解为大规模、新兴）的市场与已经证实的市场需求相结合，这意味着，一旦创始人找到正确的投资人，融资就不需要花费太多的时间。

创业者的观点：3D Robotics

克里斯·安德森（Chris Anderson）

第一步：用实验唤醒你的想象力

那是在2007年，我当时还是《连线》（*Wired*）杂志的编辑，家里有五个孩子，我的一项使命就是激发藏在他们心里的极客之魂（不过到目前为止，我的努力全部以失败而告终）。有一个星期五，我突然意识到，我的办公室里，值得我评论的东西只有两个盒子：一个是新一代的Mindstorms NXT乐高机器人套装，另一个则是一架无线遥控飞机。我手里抓着这两个盒子，心想着，一定要写一篇评论，要筹划一个精彩的“精灵爸爸”式周末：周六制作一个机器人，星期天玩飞机。

星期六，我们聚精会神地制作乐高机器人，但我的作品马上被孩子们定义为愚蠢至极——我的机器人大部分时间就是在慢慢地滚动，偶尔才会避开墙壁。（孩子们都看过《变形金刚》，因此，他们肯定会想，怎么看不到激光呢?）星期天，他们最重要的一项家庭作业就是——驾驶遥控飞机，太难了：飞机最后落到一棵树上。我笨拙地爬上树，让孩子们感到很是难堪，这也让他们再次相信：尽量不要和爸爸玩那些稀奇古怪的东西。

我在这次几乎绝望的尝试中，本来想拯救一下我的周末，但最终却事与愿违，我一直以为，结果本来可以更好一点。假如我能做出更酷的机器人，或是一架更好的飞机，结果还会这样吗？此时，我突然意识到——只要把两个盒子组合起来，不就是一架新型的乐高飞机嘛！于是，我开始在谷歌上查询飞行机器人，得到的结果是无人机、自动驾驶仪，还有我不明白、也没有想到的数学知识。

最终，我的结论是，一台计算机、一部传感器和一些代码（几乎与乐高盒中的代码完全一致）就可以让乐高飞机飞起来。于是，我最后一次将孩子们召集到餐桌旁边，大家一起动手开始制作，经过几个小时的努力之后，我认为我们创造出世界上第一架乐高自动驾驶仪。我们把它安装到飞机上，带着这个新式玩具再次来到公园。尽管飞得不够漂亮，但至少飞了起来。（这第一架乐高无人机现在已经被丹麦比隆市的乐高博物馆收藏。）

但孩子们还是很快就对我的乐高飞机失去了兴趣，又回去玩他们的电子游戏。尽管如此，整个过程却让我震惊。爸爸和他的孩子们怎么能用原本适用于巡航导弹控制器的技术来发明乐高玩具呢？我突然觉得自己可以窥见未来，就像我在15年前第一次尝试网络浏览器一样。在这个世界上，很多事情已经变化了，使得我们可以在餐桌上进行发明创造——但到底是什么发生变化了呢？

第二步：创建一个“边试边看”的社区

对我来说，一种乐此不疲、屡试不爽的方法就是公开提出愚蠢的问题。这种方法会带来两个神奇的结果：首先，人们会回答我的问题；其次，会鼓励别人提出他们自己的愚蠢问题。长此以往，每个人都变得更聪明。于是，我创建了一个简单的社交网络，专门用来做这件事——理解和利用我的第一次乐高创造实验，我将这个平台称为“DIY无人机”。平台人数很快就达到最高限制人数。还有很多人也在考虑我做的事情，毕竟，凭借目前已有的低成本芯片型传感器和Arduino之类易于操作使用的硬件黑客平台，我的努力已经得到证明。很快，成千上万的人开始尝试这种新技术，就像“家酿计算机俱乐部”（Homebrew Computing Club）在30年前使用第一块廉价计算机芯片那样。

第三步：服务于现有社区

随着“DIY无人机”的扩大，社区成员开始在软件、电子及飞机设计方面开展合作，交换家用无人机文件制作方法等方面的资料及说明书——也就是说，你知道该如何进行焊接、编译代码以及使用由工程师编写的复杂指南。但很多新成员还不想做这么难的事情，他们只想购买一架现成的无人机，或者至少是一套可以控制无人机的自动驾驶装置。很明显，必须有人创建一家制造和销售这种设备的公司。这个人或许是我，至少可以成为我的一项副业。我发明了3D Robotics无人机，它已经成为人们在周末最喜欢的大品牌。而我们的第一条生产线就是我的孩子们将自动驾驶工具的零件包装好，放在比萨盒里（我的教训是：千万不要指望六岁的人负责质量控制）。

第四步：分享好运

在最早的自动驾驶套件中，最困难的部分就是在电路板上焊接和加载代码，我很快就发现，根本就没有办法用周末完成这项任务。因此，我需要一个合作伙伴，于是，我找到了最擅长“DIY 无人机”的家伙，他就是乔迪·穆诺斯（Jordi Munoz），他一直在网上公布如何使用 Arduino 和 Wii 遥控器控制玩具直升机的视频和代码资料。这一年是 2009 年，他刚从墨西哥的蒂华纳搬到洛杉矶。最初，他在车库焊接板材，然后搬进了一间工业厂房。之后，他又搬到圣地亚哥，在这里，穆诺斯租了间办公室，并开始雇用员工，在 eBay 上购置贴片机等二手生产设备。他从互联网上下载使用手册进行自学。一年以后，我们终于拥有了一家真正的工厂，虽然没有多少现金流，但却有着一切自己动手的勇气。

第五步：把梦想化为现实

2012 年年初的一天，乔迪和我看了看公司的收入情况，我们突然意识到，公司在这一年的收入将达到 500 万美元。于是，我决定参加一些风险投资家的见面会，我觉得现在是该认真对待的时候了。我们在 A 轮融资中筹集到 500 万美元，2012 年 12 月，我正式从《连线》杂志离职，成为 3D Robotics 的首席执行官。在第二年里，公司开始从向业余爱好者出售零部件包、向制造及销售全自动 GPS 导航无人机方面转型，我们的新产品是售价不到 1 000 美元的套装盒。

第六步：志当高远

到 2013 年中旬，私人、民用和商业无人机已成为全球热门领域；无人机制造企业的销售量均达到数万乃至数十万架，但行业变迁的历史让我们意识到，无人机有可能实现自我转型。一方面，以高价格向军方出售无人机的传统航空航天公司正在遭受国防预算削减的打击，而像我们这样的新型企业则表明，低成本的消费及民用市场拥有着巨大的潜能，它们之间的对比就像是个人计算机与航空航天行业的大型计算机。而唯一的问题，就是哪家公司能更快地增长、更快地实现技术改造，并成为这个新市场的支配者。数以百计的创业公司涌入这个领域，在我们的竞争对手中，既有大型的法国消费电子公司（Parrot），也有以智能手机发展速度实现创新的顶级中国企业（大疆无人机）。

我们不得不更快地增长，于是，我们再次通过B轮融资筹集到3 100万美元，并开始建造一家符合21世纪风格的航空航天公司，打造谷歌级别的软件，打造苹果级别的硬件，形成具有富士康级别的制造工艺……并通过这一切，以营利性企业满足开源社区的需求。

这听起来有点难吧？但这确实令人难以置信，给人们带来无限的遐想和刺激，我们觉得我们正在创造未来。今天，我们在蒂华纳无人机工厂、圣地亚哥工程中心、伯克利总部和软件团队已经拥有了300多名员工，当然，还有全球数以百计的开源开发人员。这似乎就像是一个新兴产业的诞生，我们的所有成果，都已经远远超前于以往的航空企业。

第七步：???[14]

第八步：利润！

投资人的观点：3D Robotic

乔恩·卡拉汉（Jon Callaghan），来自True风险投资公司

在风险投资领域，有的时候，只有看到才会知道。

我认识克里斯·安德森是几年前的事情，当时，他通过电子邮件告诉我，他有一个疯狂的创意想和我谈谈。在过去的这几年时间中，克里斯和我探讨了很多关于硬件的事情，他一直是传感器领域最有先见性的思想家。正像克里斯在《制造者》（*Makers*）一书中写到的那样，他在True对Fitbit、MakerBot、Tinkercad以及littleBits等项目的投资上给了我很好的建议。克里斯从一开始就痴迷于机器人和硬件创造，所以，当他找我讨论“可能需要一些资金的项目”时，我马上放下手中的事情，在一两天之后就和克里斯会面了。在我帕洛阿托的会议室里，克里斯漫不经心地讲述了他的创业项目——世界上最先进的商用无人机科技公司。

这个故事非常生动：GeekDad 的博客作者试图用遥控飞机拉拢自己的孩子，并开始用乐高 Mindstorms 对他们发起黑客攻击。随后，话题转到互联网，在创意方面进行合作，推动一次支持 DIY 无人机的开源运动，通过电子邮件联系合作伙伴，并最终建立一家无人机制造工厂。经过方方面面的努力，一家企业终于诞生了。

随着谈话的进行，我的脑海中逐渐闪现出低成本自动飞行器所带来的巨大市场。作为飞行员，我马上意识到自动驾驶仪的控制能力及其带来的强大推力，实际上，在过去几年中，"摩尔定律"给商业和民用航空业带来的巨大变革是有目共睹的。随着智能手机的兴起，所有组件的成本都在大幅下降，这很容易让我开始畅想机器人、低成本组件及自动驾驶软件相互融合的愿景。当我们坐在帕洛阿托的办公室里探讨实现自动飞行所需要的应用程序时，克里斯转过身来对我说："至于应用程序嘛，我还不确定。毕竟，当个人计算机最早出现的时候，谁知道能用它做什么呢？"

在我看来，3D Robotics 的投资决策是直截了当的：原因很简单，我有一位最优秀的思想家和技术梦想家，在不到两年的时间里，他们就把一家开设在厨房里的企业变成拥有500 万美元收入的企业。他不仅以零成本完成了这项工作，而且还组建了一个团队，并引领了一场变革运动。他不仅在全球范围内制造和销售产品，而且在当下这个最有潜力的市场中，他始终引领潮流。

对于 True 投资公司，我们的使命就是在最伟大的市场里，投资于最伟大的创业者。这很简单：只需要找到一个非常巨大的潜在市场，然后投资于最有智慧、最有创造力并能尽早发力的创业者。今天，有创造力的创业者就是我们这个经济和社会中最强大的力量。他们总能看到我们看不到的未来，并全力以赴地走向这个未来，无视摆在面前的困难，并义无反顾地挑战困难。我认为，风险投资必须在解决当下社会基本问题方面走在最前面，全力推动未来主流技术的前沿，推进我们对科学和世界的认识。我们唯一应该关注的，就是风险的最大化：以特定方式（产品、市场、时机）接受可能的最大风险，并通过与最有天赋的创业者进行合作、以成本最低的方式共同开发核心技术来限制风险。

基于这样的信仰，我已经拥有了自己的事业，并以此为依托打造整个企业。在这种情况下，我们不妨想象一下，遇到克里斯，听他讲述创建 3D Robotics 的故事，而且从他的眼中窥见未来，是多么激动人心啊。True 投资始终致力于以最快的速度走到潮流的最前头。现在，克里斯·安德森和 3D Robotics 让我们看到了未来，进而认识了未来。

注释

1. Jeffrey A. Timmons and Stephen Spinelli, *New Venture Creation*: *Entrepreneurship for the 21st Century* (New York: McGraw Hill International, 2010).
2. David Cohen and Brad Feld, Do More Faster (Hoboken, NJ: John Wiley & Sons, 2011), 227–229.
3. Mark Suster, "Invest in Lines, Not Dots," *Both Sides of the Table*, November 15, 2010, www. bothsidesofthetable. com/2010/11/15/invest – in – lines – notdots/.
4. "创智赢家"创投真人秀节目，第四季第八期。
5. "创智赢家"创投真人秀节目，第四季第六期。
6. Douglas R. Hofstadter, *Gödel*, *Escher*, *Bach*: *An Eternal Golden Braid* (New York: Basic Books, 1979).
7. William J. Cameron's "Chapter 5: Find the Money to Finance Your Project" from William R. Cobb, *Business Alchemy*: *Turning Ideas into Gold* (Bloomington, IN: AuthorHouse, 2012).
8. Tony Bailetti and Sonia D. Bot, "An Ecosystem – Based Job – Creation Engine Fueled by Technology Entrepreneurs," *Technology Innovation Management Review*, February 2013, http://timreview. ca/article/658.
9. 有关创业社区的深入讨论，请参见布拉德的著作：*Startup Communities*: *Building an Entrepreneurial Ecosystem in your city*.
10. Union Square Ventures Investment Thesis, https://www. usv. com/posts/investment – thesis –usv.

11. Bessemer Venture Partners Anti - Portfolio is a refreshing counterexample: http://www. bvp. com/portfolio/antiportfolio.

12. Brad Feld, "Saying No in Less Than 60 Seconds," Brad Feld blog, June 28, 2009, http://www. feld. com/archives/2009/06/say - no - in - less - than - 60 - seconds. html.

13. "创智赢家"创投真人秀节目，第三季第一期.

14. 这个精彩的引语来自《南方公园》(*South Park*)，见 http://southpark. cc. com/clips/151008/underpants - gnomes.

第十二章 陷 阱

Startup Opportunities:
Know When To Quit Your
Day Job

在你听了成千上万次推介之后，肯定会有些话让你想起来就会反胃。有些问题表明创业者缺乏商业意识，有些则揭示出创业者过度乐观的黑暗面，还有一些问题则显示出创业者的幼稚。在组织创业机会的讨论时，我们会深入探讨破坏投资者信心的各种陷阱。作为一个创业者，在介绍你的新企业时，一定要认真思考：你是否正在坠入其中的某个陷阱。

搅局和注意力转移

搅局是创业者面临的主要障碍，具体表现为：你对企业或市场做出的评论可能会导致投资者怀疑你是否了解自己的企业，进而怀疑你取得成功的可能性。

比如：

- 市场出错。
- 我们还没有找到自己的顾客。
- 我们没有自己的解决方案。
- 赚钱不是我们的主要目标。
- 即使是大公司 X（例如谷歌、福特或 AT&T）也不清楚
- 我们没有收入模式。

注意力转移是指将注意力从更重要的问题转移到次要问题上。在评价新企业时，这样的言辞会导致投资者认为创业者还没有找到头绪。以下是常见的转移注意

力的搪塞之词:

- “我们没有竞争对手。”
- “我们的财务是保守的。”
- “如果我们只得到市场的2%……”

当创业者做出这样的声明时，投资人往往会将它们解释为:

- “我们没有竞争对手。”——你根本不知道该如何使用谷歌搜索，或者你的创意不好。
- “我们的财务是保守的。”——怎么可能呢？在大多数情况下，财务预测是错误的，而且根本不以实际情况为基础。
- “如果我们只得到市场的2%……”——不管市场有多大，2%对一个全新的进入者来说已经非常可观了。

创业人对投资者的需要，远胜过投资人对创业者的需要。因此，最好的投资人会有很多等待他们考察的投资机会，他们总是在寻找拒绝的理由。因此，在你的演说稿中，一定要避免出现搅局或转移注意力的情况，因为这会给投资人一个最简单的拒绝理由。

估值过高

在“龙之穴”和“创智赢家”创投真人秀节目中，创业者不能如愿的一个重要原因就是估值。在很多情况下，创业者索取的投资太多，而让渡的股权却太少。当你还处于创业之路的起点时，用公司5%的股份换取50万美元的投资显然是不合理的，而且往往会让有经验的天使投资人感到被羞辱。

做出投资的决定是谈判过程的第一步。一旦投资人决定进行投资，他们首先需要和创业者达成双方满意的协议。交易条款非常复杂，而且是动态的，它们取决于诸多因素，比如说，投资人投资的急切性，创业者对投资的需要程度，创业者拥有的其他可选方案，以及创业者和投资人是否可以弥合彼此之间的隔阂。

虽然报价是投资人的事情，但精明的投资人往往会向创业者询问他们的预期估值。创业者必须清楚，这往往是一种考验——投资人并不是和你在讨价还价，只是想试验一下创业者对公司估值的预期是否理性。因此，创业者如何回答这个问题比实际答案要重要得多。投资人想知道的，是你是否有足够的商业头脑，根据企业当前所处的阶段和进展情况对公司做出合理的估值。如果投资人认为你不够现实，或是缺乏理性，即使投资人对项目有投资兴趣，你的回答也会让他们转身而去。

新型泳衣 SwimZip[1] 的创始人贝特西·约翰逊（Betsy Johnson）和贝里·万利斯（Berry Wanless）希望以 6 万美元转让 5%的公司股份，他们发明的游泳衣在前胸设计了纵向贯穿的拉链，因而易于穿上和脱下。此外，泳衣的顶部和底部可以阻拦 98%的致癌放射线。但现阶段的公司估值能达到 120 万美元吗？凯文·奥利里当然不这么认为，他认为这家公司的估值接近 50 万美元。而洛丽·格雷纳对 SwimZip 的估值则更低，只有 30 万美元，并准备出资 6 万美元。经过多番讨论，这款新型泳衣的创始人接受了劳里的提议，同意以 20%的公司股份换取 6 万美元融资，并最终和洛丽达成投资协议。

千万不要陷入过高估值的陷阱。请记住，你不一定要正确，但一定要合理。

从事禁忌业务

有些行业从一开始就是失败的。色情、毒品以及赌博等非法活动是很多投资者的大忌，即使有可能非常赚钱，也难以获得他们的支持。甚至是这些行业的辅助性服务，譬如在线赌场的数字安全支付服务，也可能会被投资者嗤之以鼻。

凯文·奥利里曾这样评论说，他本人没有涉及过禁忌领域的创新问题，他始终不支持这样的创新。他的理由是基于逆向的光环效应。凯文认为，如果他资助禁忌产品的话，即使是被动投资，也可能会给自己的其他投资项目带来负面影响。

禁忌问题往往是一个二进制问题，非此即彼，几乎不存在中间地带。

缺乏风险共担机制

投资人喜欢能与他们风雨同舟的创业者。毕竟，如果创业者没有投资，也不承担风险，投资人为什么要拿自己的钱去冒险呢？需要指出的是，风险共担机制所需要的资金在数量上会有所不同。 对于还在上大学的创业者来说，一张达到最高限额的信用卡就已经足够了。 而对于经验丰富的连续创业者来说，则需要他们投入更多的资金、承担更大的风险。

特丽萨 · 弗雷约（Theresa Fraijo）和罗伯特 · 弗雷约（Robert Fraijo）对他们的公司 Veggie Mama[2] 投入了血汗产权。 罗伯特从法学院辍学而开始创业，特丽莎则卖掉了自己的订婚戒指。 此外，这对夫妇还向朋友和家人借钱，卖掉了房子，搬进罗伯特的父母家里。 而作为投资者，罗伯特 · 赫尔亚维奇（Robert Herjavec）和洛丽 · 格雷纳从创业者的这些行为中看出，这对夫妇确实决心将素食食品推向市场。因此，Veggie Mama 在成立时就获得了 15 万美元的投资，而投资后的估值更是高达 75 万美元。

请放心，没有人要求你卖掉自己的汽车或拿你的房子做抵押，但这却是显示你信心和决心的最有效信号。

拒绝混蛋法则

创造破坏性创新是非常困难的，要让市场普遍接受这种创新几乎是不可能的。不管是产品、服务还是解决方案，有一件事永远是有价值的——辛勤工作。 创新者持之以恒地努力克服产品障碍、经济资源的匮乏和技术壁垒。 因此，很多投资者都会采取“拒绝混蛋法则”。[3]

如果不首先处理“混蛋”，要将创新推向市场将是非常艰难的。 大多数投资者会与企业保持多年联系，每周甚至是每天和他们所投资的创始人进行谈话。 投资者希望看到的是，唯一的压力来自外部，而不是内部。

当然，我们并不是说，如果创业者是个好人，一切就会平安无事。 相反，我们必须在实践中坚持“人生苦短”的道理。 在和投资人的早期互动中，创业者掀起的摩擦越多，投资人对与创业者合作的兴趣就越少。

对关键人物的依赖性

作为一名创业者，你应该尽可能地招徕优秀人才，包括一同创业的联合创始人、投资者、顾问和早期员工。 由单一创始人创建的企业更容易出现对关键人物的过度依赖风险，因为这个单一创始人不仅对创新战略至关重要，而且决定着产品或服务的开发成型过程。

凯文·奥利里提出了一个经典性问题："如果明天你被一辆公共汽车撞到了，会发生什么呢？你的公司也会关门吗？"奥利里所讨论的，正是对关键人物的依赖问题。没有人愿意投资于一家将命运完全绑定在某个人身上的企业。

可扩展性要求创新具有可复制性。如果每次为顾客创造新价值都离不开这个关键人物，那么，企业的增长就会受制于这个创始人的能力。因此，从一开始就应该为团队招募和增加有能力的新人来消除这种依赖性。

喝你自己的"酷爱"饮料

回音室是一个能产生混合音响的空洞，虽然它可能有利于声音控制，但却不利于创新。假如一个创业者只喜欢寻找和倾听与自己立场一致的反馈，那么，我们就可以说，他生活在一间回音室里。此外，对于刻意对企业潜在问题视而不见的创业者，投资者称他们"喝自己的酷爱饮料"。[4]

如果创业者只和圈内人士讨论机会或解决方案，就很容易成为"只喝自己酷爱饮料"的受害者。因为只听附和者的话，很有可能会让你的判断出现偏见。很多创业者希望让自己的创新秘而不宣，唯恐被别人剽窃。但是对创新保守秘密，不尽早、经常性地接受反面意见，往往会成为走向灾难的铺路石。

"精益创业"运动的一个重要组成部分就是不断接受针对你创意的反面意见。这也是促使很多创新者在精益创业运动中力求尽早、经常性地分享创意的原因。如果只接受对你的创意大加赞扬的人，你或许就会遇到问题了。

在"龙之穴"的第一季节目中，一名勤奋的创业者曾推介一种可转化为一体式健身装置的皮制扶手椅。这听起来似乎是一个很棒的创意，而且创业者自己也对此热情四射。当被问及为什么他如此激动的时候，这位创业者说："看到这款产品的所有人都说，这是一个伟大的创意。他们告诉我，这是一个伟大的产品。"当投资者问创业者，他所说的这些人到底是谁的时候，他承认，这些反馈都来自他的好友和家人。可见，这个创业者陷入了回音室的陷阱。

创业者的观点：Zenie Bottle

保罗·波波里安（Paul Berberian）

记忆会撒谎。

在我的记忆中，我应该是一个比现在好得多的生意人。在三年级的时候，我完成了自己的第一笔生意——出售 Genie Bottle。我从表弟那里得到了配方。可以想象一下雪花玻璃球，只不过在你摇动玻璃球时不会落下雪花，我做的是一只充满神奇泡泡胶的瓶子。摇动瓶子时，透明的彩色液体会变成不透明的变色风暴，在我的记忆中，它就像熔岩灯那样迷人。我一共做了 40 瓶，把它们带到了学校，以每瓶 25 美分的价格卖给同学。我的产品在几分钟之内便告售罄（我整整赚了 10 美元，而且是剔除通货膨胀影响的收入。），梅菲尔德小学的所有孩子都想要一只 Genie Bottle。于是，第二天，我便将价格增加了一倍，而且我的产量也翻了一番。我还没有到学校的时候，同学们便已经在排队等着购买 Genie Bottle 了。那时，我只知道，我肯定会成为一个富翁！

但问题却随之而来，一只 Genie Bottle 掉在地上，玻璃打碎了，孩子们被吓得哭了起来。于是，我被叫到希拉修女的办公室，父母也被一起叫到学校。我的 Genie Bottle 时代就此结束。

时光很快过了 32 年，女儿需要制作一款可以在她的“迷你社会”市场上销售的产品，在这为期一天的展会上，孩子们通过自制商品和以物换物学习做生意。我的孩子想一鸣惊人——她既不想卖友情手环，也不想卖毛绒铅笔擦。她打算制作 Genie Bottle。天哪！她成功了，15 分钟就卖完了自己的商品。妻子留下一只特别的瓶子作为女儿成为当天胜利者的纪念品。这只瓶子在厨房的窗台上放了三年，直到有一天，我需要一个商业创意的时候，女儿把留作纪念的这只瓶子交给我，并对我说：拿去卖吧。

我确实开始卖瓶子了，只不过卖的是 Zenie Bottle，因为 Genie Bottle 无法注册商标。我先后创建了几家成功的企业，我体会到一种无敌感。我说服表弟加入公司，做我的合作伙伴。于是，我们一起向朋友和家人筹集了 100 万美元。

不过，在12个月之后，我们的创业就失败了。下面就是原因。

我们制作的产品已不比以往，而是一种超酷的新奇商品。我感到我的内心深处永远不缺少新奇的思想。毕竟，我是一个科技型创业者，我需要一个更有野心的创意。因此，这个创意变成一个集照片、视频、音乐共享、虚拟纪念品、神秘瓶和网络系列故事于一身的产物，讲述这种来自西藏雪人居住地的神奇Zenie Bottle。这显然是一种跨界混搭的结果。我们只花了一点钱来制作支持这个概念的载体，瓶子只是后来才有的想法。我们坚信这种产品的市场是存在的，因为它毕竟已经在我的生活中疯狂了两次。但我们从来没有卖出过这款产品。最终，我们的疯狂想法并没有被投资者所接受，事实证明，这个概念确实太难解释了。

虽然我们用玻璃制作奇Zenie Bottle，却试图把它们卖给孩子。母亲肯定不喜欢这种手工吹制的玻璃瓶，里面装满令人讨厌的液体，再加上让孩子猛烈摇晃瓶子的说明，自然让她们更难以接受。但我们扩大了生产规模，希望以制造大量的瓶子取得成功，但我们从未卖出过一只瓶子。

在内心里，我坚信我们的产品一定能卖出去。这个创意寄托了我的无限情怀。幸运的是，我的合作伙伴并没有失去理智。在花费了大约65万美元之后，我们在一个星期六的下午认真讨论了这笔生意，他认为，公司已经没希望了。几个月的推广只带来屈指可数的几笔正式销售。尽管我不接受这个结果，但数字不会说谎，欺骗我的只是我的回忆。下一周的星期一，我们的生意就此告终。

投资人的观点：Zenie Bottle

布拉德·菲尔德

保罗·波波里安绝对是一名非常优秀的创业者。我曾为他创建的第二家公司、从事视频和电话会议的Raindance通信公司提供了种子资金，Raindance通信最终公开上市，并成功躲过互联网泡沫的破裂而幸存下来，后来被West公司收购。保罗是一位典型的科技/互联网行业创业者，也是最适合我的投资对象，因此，当他在电话里告诉我他想谈谈他的新公司时，我非常兴奋。

经过几分钟倾听他讲述的 Genie Bottle 和 Zenie Bottle 创意之后，我在心里默默地想："保罗这家伙到底在干什么？这太愚蠢了。"但我还是一直在听，因为我和保罗是最亲密的朋友，我已经成功地投资了他创建的上一家公司，因此，我很想支持他的创业激情。

在谈话结束时，他称自己准备筹集 100 万美元，并问我是否愿意投资。尽管我对 Zenie Bottle 不太感兴趣，而且怀疑这个创意到底会变成什么东西，但我还是想给保罗一点帮助，于是，我投资了 25 000 美元，按照我在当时的标准，这是一笔典型的天使投资。从根本上说，我是因为保罗才投资，不是为了这个创意而掏钱。

在接下来的六个月里，每当保罗和我聚到一起时，他都会畅想 Zenie Bottle 不断扩大的愿景。尽管我已经感到不耐烦，但还是尽量不表现出我对这笔生意的看法，因此，虽然我在表面上还是做出支持的姿态，但最初的顾虑已逐渐得到验证。

大约在九个月之后，保罗制作了很多 Zenie Bottle，但几乎没有任何销售。此时，他开始质疑这个创意，并第一次不再护短。他知道，生意已经难以维系，现在，他开始接受开诚布公的反馈：这个机会是否还值得继续投入更多的时间和资源。

有一天，保罗打电话对我说："我已经放弃 Zenie Bottle 了，我正在准备停业。"我们出去吃了一顿饭，而且聊得非常开心，我给了他一个大大的拥抱。他的失败很优雅——卖掉了一些软件，为投资者收回了一点钱。

几年之后，我为 Sphero 提供了种子资金，Sphero 是保罗参与筹建并得到 Techstars 认可的一家新公司。今天，Sphero 已经是一家员工人数超过 175 人的大公司，并拥有几款非常受欢迎的消费产品，包括 Sphero、Ollie 和 BB-8。事实证明，孩子和他们的父母更喜欢超酷的机器人玩具，而不是装满令人恐惧液体的叮当乱响的怪异瓶子。保罗在 Zenie Bottle 的经历中学到了很多东西，我很高兴能和他一起创业。

注释

1. “创智赢家”，第五季第 15 期。
2. “创智赢家”，第五季第五期。
3. 拒绝混蛋法则不同于 SoftTech VC 的软件行业投资者杰夫 · 克拉维尔（Jeff Clavier）提出的“3 - Asses”法则。杰夫感兴趣的创业公司，它必须拥有：（1）超级智能团队、（2）超级产品和（3）超级大的市场。
4. “琼斯镇惨案”让我们认为继续用这句俗语太冷血了。但是像很多当代的俗语一样，它还是生存了下来。

第十三章 不要在时机还不成熟时辞职

Startup Opportunities:
Know When To Quit Your Day Job

对创业充满热情

做创业者是一项非常困难的工作，可能会很孤独，充满了不确定性，而且往往要做出巨大的牺牲。大多数人需要热爱他们的创业（是热爱，而不是喜欢），只有热爱，他们才能全身心投入。如果你对自己的解决方案没有热情，你的顾客会怎样呢?

有执行解决方案的能力

无论创意有多美好，但只有执行才能创造价值。如果你还不确定你不仅可以构建解决方案，而且还能将方案推向市场，那么，就不要辞职（至少应该在找到一个有这种能力的合作伙伴之前，不要这样做）。

确保你要解决的问题是一种需求（而不是愿望）

新产品的采纳并不容易。如果你的解决方案不能解决一种客观存在且尚未得到满足的需求，那么，你不太可能会创造出市场动力。一定要创建阿司匹林性质的解决方案，而不是维生素性质的解决方案；寻找缺乏需求弹性的服务。如果你的解决方案只是非常不错，却不是必需的，那么，请不要辞职。

确保你要解决的问题属于一个很大且不断增长的市场

水涨船高。如果你的创业公司面对的市场并非逐年扩大，并且在可预见的未来也不会继续扩大，那么，请不要辞职。

你的解决方案比市场上现有其他任何方案都要好出 10 倍

要取代现有方案，创业方案必须拥有指数性的优势（而不是递增性优势）。否则，你就无法推翻市场领导者的优势和份额。顾客可不会放弃沉没成本，接受只比现有方案好一点点的产品。如果你的解决方案还不能在速度、成本、安全性和规模上超出对手 10 倍以上，就不要辞职。

随时准备"烧船"

探险家经常会烧掉他们的船只，向船员发出一个信号：他们将无法回家。你准备好下定同样的决心了吗？如果没有，就不要辞职。

能接触到潜在客户

今天，以顾客为中心的创新已成为重中之重。你必须通过现实顾客来检验你的产品。如果你还缺乏这样的能力，就不要辞职。

在断绝个人收入后仍拥有可供六个月开销的资金

开发解决方案、市场测试和准备扩张都是需要时间的。如果在创业取得收入之前找不到足够的资金支撑，就不要辞职。

能聚集足够的人力、用户和资金来创造最小可行产品

测试需要最小可行产品。如果你无法创造出这样的产品（哪怕是纸糊的）就不要辞职。

准备钻进杂草里，做艰苦的工作

你是创业公司的创造者和劳动者。创业过程中没有捷径可循。即使是从天而降的成功也需要大量的辛勤劳作和持之以恒的关注。如果你还没决定去做需要你做的任何事情，就不要辞职。

术语表

10 倍法则(10 × Rule)：要取代现有方案，新的解决方案就必须拥有指数级的优势——更快、更便宜、更强大，仅仅好一点是远远不够的。例如，由于电子邮件比传统邮政服务的投送速度快出不止 10 倍，因而已被广泛采纳。

ARPU，单位用户平均收入(average revenue per user)的缩写：零售行业术语，指每个用户可为解决方案供应商带来的收入金额。例如，就平均水平而言，iTunes 的每个新用户在第一年会购买价值 100 美元的音乐产品，因此，iTunes 的 ARPU 为 100 美元。

可得性偏差(availability bias)：与个人相关、影响较大或是最近发生的事件会对我们的想法产生更大的影响。我们会根据结果在想象中的难易程度估计出现这种结果的概率。

进入壁垒(barrier to entry)：经济学术语，指取得进展之前必须支付的成本或必须克服的障碍。例如，获得出租车牌照就是大多数出租车司机面临的进入壁垒。

滩头阵地(beachhead)：滩头阵地是一个军事术语，其含义是指在发动全面进攻前，在阵地上建立稳固的据点。Facebook 的滩头阵地就是美国的大学。在最初几年，只有美国大学的在读学生才能获得 Facebook 的服务。

盈亏平衡点(break - even point)：会计术语，指收入等于成本的时点。例如，在经过六个月的大量销售之后，创业公司就处于盈亏平衡点。

商业头脑(business acumen)：制定策略和执行商业计划方面的技能和经验。例如，如果新的首席执行官之前曾就职于类似规模的公司，那么，他就有值得分享的商业头脑。

CAGR，复合年增长率(compound annual growth rate，)：会计术语，代表一个行业逐年的平均增长速度。

CoCA，获取客户的成本(cost of client acquisition)：会计术语，代表吸引更多客户需要投入的成本。例如，一个网站花费 100 万美元用于广告，有 10 万新用户在网站注册。那么，这家网站获取一个用户的成本就是 10 美元。

证实性偏见（confirmation bias）：愿意接受与自己观点相符的外部信息、抵触与自己观点相悖外部信息的心理趋向。

创造性破坏（creative destruction）：商业术语，指突破性技术让市场发生巨大变化的过程。新观念会对旧观念带来创造性破坏，例如，汽车摧毁了马车运输行业。

破坏性创新（disruptive innovation）：彻底改变市场的技术，通常只有符合 10 倍法则的技术才属于破坏性创新。

专业知识（domain knowledge）：对所属商业领域内顾客及行业的了解。

双重收费（double dipping）：创业领域的专业术语，指一种可创造多重利润和收益流的活动。例如，乔治·卢卡斯开始给和《星球大战》相关的商品注册商标时，他就是在进行双重收费，除票房收入之外，他还通过电影（从 DVD 和其他以“星球大战”为品牌的商品）取得了其他收入。

尽职调查（due diligence）：法律术语，指对交易的实质性信息进行确认的过程。例如，通常在对公司开展收购之前，都要进行尽职调查，以确保所有专利都通过申请取得专利权。

规模经济（economy of scale）：经济学概念，描述企业通过扩大销售获得成本优势的过程。例如，当凉鞋的销量增加时，鞋匠可以批量购买原材料。这种规模经济会降低单位产品的成本，使得鞋匠拥有了降低售价的能力。

需求弹性（elasticity of demand）：经济学理论，指价格会影响到某些产品消费量的特性。比如说，人对水的需求就是无弹性的，因为一旦水出现稀缺，人们就会付出任何代价去获得水。而人对金鱼的需求是有弹性的，因为对宠物的需求随着社会偏好的改变而变化，而且金鱼不是生活必需品。

电梯游说（elevator pitch）：创业者用于阐述创意关键点的简短的口头性说明。

承诺升级（escalating commitment）：心理学术语，指决策者在经历一连串失败后，会不断增加对资源的再投入。这种偏见往往是因为我们不愿意接受现实损失而产生的。例如，投资者不打算撤销对创业项目 X 的投资；相反，承诺升级会促使他对交易投入更多的资金。

退出（exit）：投资术语，是指投资者可以清算投资并确认利润的时点。例如，当 Facebook 最终上市时，很多投资者通过退出投资而得到数百万美元的回报。

光环效应（halo effect）：营销术语，是指通过与知名品牌或名人建立积极联系而带来的商誉。例如，当比尔·盖茨加入某家创业公司时，他带来的光环效应就会提振投资者对公司的信心，进而进行投资。

知识产权（intellectual property）：针对专利权、著作权和商标权的法律术语。例如，一家公司拥有 100 多项专利，这些专利权成为强大的知识产权组合的一部分。

管理风险（management risk）：与领导有关的风险。例如，如果以前从未进行过创业，领导团队就会面对很大的管理风险。

市场风险（market risk）：与产品被市场接受相关的风险。例如，既然你的产品必须拿到市场上销售，那么，假如你不知道需求怎样的话，就会面对较高的市场风险。

最小可行产品（minimal viable product，MVP）：创业术语，指可以呈现给潜在用户、顾客和客户的拥有最少、最基本性能的产品，通常被标记为“beta”。例如，电子邮件平台的 MVP 必须拥有将文本从一个人安全、可靠地传输给另一个人的能力。

下一个价值拐点（next value inflection point）：投资术语，是指会导致创业企业整体价值提高的下一个里程碑事件。例如，一旦创业企业开始销售应用程序，他们就已经触及下一个价值拐点，因为市场风险已经开始缓解。

实战经验（operational experience）：指创始人此前掌握的关于构建和交付解决方案的专业知识。例如，当创业公司为 iPhone 生产应用程序时，就会招募拥有移动软件运营经验的人。

机会成本（opportunity cost）：是指最佳选择或替代选项的成本。它包括为实施一项行动计划而必须做出的全部投入。例如，在辞职而攻读 MBA 学位时，机会成本就应该包括工资的损失。

痛点（pain point）：你的解决方案所解决的问题。例如，电子邮件解决的痛点之一，就是邮政服务的缓慢速度。

个人归因错误（personal attribution error）：会导致你将自己造成的错误归咎于别人的内在偏见。

捎带（piggybacking）：营销术语，指新产品利用市场对现有产品的品牌忠诚度而进入市场。 例如，当我购买一瓶伏特加酒时，商店会捎带地向我展示一款新的鸡尾酒组合样品，因此，这款新鸡尾酒就成为伏特加的捎带品。

规划谬误(planning fallacy)：心理学术语，是指我们通常会低估完成任务所需要的时间或工作量。

过早扩张(premature scaling)：创业领域的术语，是指在条件尚不具备之时扩张的风险。 比如说，Pets. com 就因为过早扩张而失败，创始人还没有卖出一美元的商品，就为购置存货投入了数百万美元。

概念证明(proof of concept)：最初，这个词是指一个能证明技术解决方案具有可行性的原型。 最近，这个术语已逐渐成为在早期阶段用收入证明市场可行性的代名词。 例如，如果没有早期采用者带来的收入做概念证明，发明者就无法证明有人需要他创造的产品。

前景理论(prospect theory)：用于决策过程的心理学术语，是指风险概率已知并对决策产生影响。

收入模式(revenue model)：商业术语，指创业公司将用于实现销售、资产货币化及可持续发展的方法。

创新扩散理论(Diffusion of Innovations Theory)：解释新解决方案在社会中得到普及扩散的方式、原因及速度的理论。

规模/可扩展性(scale/scalability)：经济学术语，是指在不增加成本的情况下增加销售的能力。

连续创业者(serial entrepreneur)：商业术语，指成功创建并退出多家创业公司的创业者。

信号理论(signaling theory)：指一方通过其行动向另一方传递可信赖的影响，类似于光环效应。 例如，当比尔·盖茨资助某家创业公司时，他就是在向其他投资者发出一个积极信号。

风险共担机制(skin in the game)：是指创始人持有创业企业股份从而与投资者共担收益和风险的机制。 如果创始人只是在创业公司工作，却不持有股份，那么，这种与企业没有共担收益和风险的做法就不会让投资者感到安全。

次优解决方案(suboptimal solution)：不能完全满足最终用户全部需求的解决方案。 要满足这些没有得到满足的需求，创业公司必须拥有破坏性技术。

血汗产权(sweat equity):用于描述通过辛勤工作取得的公司权益,而不是通过直接财务投资取得的公司权益,通常与创始人有关。例如,在过去的一年里,创始人Y没有接受任何薪水,那么,他就可以认为,由此付出的机会成本就换得了血汗产权。

人才三角形(talent triangle):用于解释创业管理团队的构成和资质的商业术语。

第三方验证(third-party validation):证明你获得成功的公允证据。例如,销售是最好的第三方验证,因为它可以降低你的市场风险。

病毒式营销(viral marketing):游击营销的一种形式,按照这种营销方式,营销活动所触及的每个人都可以将营销的影响力传递给至少其他两个人。例如,当人们开始将视频转发给所有朋友时,这个视频资料就变成了病毒。

致 谢

在 2014 年的一次会面中，我们谈论了肖恩的“赤裸企业家”视频系列节目，于是，我们开始讨论能否编写一本书来解答我们每次都会提出的问题：“这是个不错的创意吧？”

于是，我们开始琢磨创作《创业机会》这个想法，而且肖恩已经为写作做好了准备。布拉德最初犯了几次错，尽管布拉德有一次甚至绝望地说“我现在根本就无能为力了”，但肖恩还是与他一同工作。我们终于在夏天开始步入正轨，而布拉德也从 2014 年 11 月的休假中返回，我们两个人似乎都焕发出新的力量，为完成任务做好了准备。

如果没有如下几位来自 FG 出版社朋友的帮助，就不会有本书的第 1 版，他们是：Dane McDonald、Eugene Wan、Kevin Kane 和 Dave Heal。尽管 FG 出版社本身算不上成功的创业企业，但其团队的耐心、尽职、勤奋和无限的专业精神的确令人鼓舞。

Wiley 出版社已经为布拉德出版了五本书，此次，他们决定出版这本书的第 2 版。我们对全书进行了整理，并补充了部分内容，而 Wiley 出版社的编辑和制作人员再次让本书闪现魔力。毋庸置疑，与布拉德的长期编辑 Bill Falloon 进行合作让我们感到非常愉快。

每一本书都是一个挑战。而本书不仅有原来很多合作者给予的巨大帮助，也吸取了大量的新创意，实际上，我们往往每天都能接触到十个创意。

作为身处创业革命大潮中的创业者，我们无疑是站在巨人的肩膀上。Steve Blank、Eric Ries、Alex Oster Walder 以及 Bill Aulet 都是创业领域的伟大思想家，他们的观点及经典著作帮助人们认识了创业的过程。我们必须对这几位大师的卓越贡献致以诚挚的敬意，更希望本书能为创业知识体系的发展和完善做出一点微薄的贡献。

很多创业者和投资人为这本书提供了丰富的例证。再次，我们要感谢 Tim Ferriss、Isaac Saldana、Mark Solon、Carly Gloge、Stephanie Palmeri、Matt Galligan、Barbara Stegemann、W. Brett Wilson、Amanda Steinberg、Joanne Wilson、Jeff Lawson、Chris Sacca、Shane Talbott、Kevin O'Leary、Daniel Ha、Naval Ravikant、Alex White、Chris Anderson、Jon Callaghan 以及 Paul Berberian 对本书的贡献。

此外，我们还要感谢 Steven Gedeon、Dave Valliere 和 John Pinsent，他们对一些复杂的问题撰写了长篇评论。肖恩的合作伙伴及莱尔森未来基金会（Ryerson Futures Fund）也为本书做出了重要贡献，他们不仅给予了巨大的耐心，也为我们提供了丰富多彩的学校环境。最后，感谢莱尔森大学（Ryerson University）及其教职人员，作为加拿大创业教育的摇篮，他们对创业事业的支持和推动有目共睹。

多年来，肖恩一直全身心地参与“龙之穴”节目。因此，我们要感谢节目的全体参与者及另一档类似节目“创智赢家”的参与者，感谢他们的毫不保留、无私分享自己的观点。此外，我们还要感谢“龙之穴”“创智赢家”两档栏目的组织者和创作人员，他们将创业推介艺术和创业初期的融资过程结合在一起，并在黄金时段以前所未有的编排形式展现给很多从未有过创业经历的人。节目本身既有风趣幽默之处，也有令人心碎的时刻，但归根到底，这些节目名副其实地做到了寓教于乐。

通过参与 Startup America、Startup America Partnership、Startup Weekend 以及 UP Global 等机构，布拉德从 Steve Case、Scott Case 和 Marc Nager 身上学到了很多东西。谢谢你们让布拉德成为这些团队中的一员。

作为 Techstars 联合创始人，David Cohen 同样以多种方式做出了贡献，远不止于他为本书撰写的几条注释。David，谢谢你为世界各地的创业者所做的一切，谢谢你对我们持之以恒的鼓励。

布拉德在 Foundry 集团的合作伙伴绝对是伟大的倾听者，在整个创作过程中，他们一直在心平气和地倾听布拉德的发泄和抱怨。他们以这种方式对本书的支持，以及他们为全球创业者所奉献的快乐、爱和教育，也是渗透在 Foundry 集团每天生活中的核心价值。没有他们，布拉德极有可能搬到阿拉斯加的荷马镇，在那里，他会和妻子 Amy Batchelor 一起读着科幻小说。各位，谢谢你们所做的一切！此外，感谢 Jason 撰写 Next Big Sound 的案例，这实在是对我们最大的恩赐。

最后，如果没有妻子 Amy 的支持，就不会布拉德今天的一切。 她用无私的鼓励激励着布拉德的创作，她愿意随时放下手里的事情，花上一天时间去编辑布拉德刚刚写完的草稿。 每当布拉德面对指责、难以为继的时候，她总是不失时机地给予鼓励和支持，这无疑是布拉德最宝贵的财富。

而在家庭层面上，肖恩最好的一笔投资无疑是和妻子 Marisa 的婚姻。 在创作本书的过程中，或者说，在初稿和终稿之间的某个时刻，这笔投资给他带来了最珍贵、最健康的回报——他们的儿子 Edison Atlas Wise 出生了。 感谢 Marisa 和 Edison，你们让肖恩意识到人生的真谛。

作者简介

30 多年以来，布拉德 · 菲尔德始终是企业创建初期的投资者和创业者。 布拉德生活在科罗拉多州的博尔德市和阿拉斯加的荷马镇，和妻子住在一起。

在与他人共同创建 Foundry 集团之前，他还参与了 Mobius 风险投资公司的创建，而在此之前，他也是 Intensity 投资公司的创始人。 此外，布拉德也是 Techstars 的联合创始人之一。

除了投资方面，布拉德还与多家非营利组织合作。 目前，他是全国妇女和信息技术中心（National Center for Women & Information Technology）主席以及 Path Forward、考夫曼伙伴计划和 Defy 投资公司的董事。

布拉德是风险投资和创业领域的知名作家及演说家。 此外，他还是 Feld Thoughts 和 Venture Deals 博客的博主。

布拉德拥有马萨诸塞理工学院的理学学士学位及管理学学士学位。 此外，布拉德还是一位艺术品收藏家和长跑运动员。 迄今为止，他已经完成了 24 次马拉松赛，他的一个目标就是在美国的每个州都要完成一次马拉松赛。

肖恩 · 怀斯博士是创业和风险投资领域的专家。 他的专业知识体现在多个方面——他是大学教授，也是畅销书作家和国际商务的演说家，还是种子风险投资基金和技术加速器 Ryerson Futures 的合伙人。

肖恩已出版五本专著，发布了 20 多篇经专业评审的研究论文及有关高增长创业公司的大量案例研究。

肖恩在大型创投真人秀栏目“龙之穴”中担任了五个季的 CBC 顾问，在此之前，他在“奥普拉 · 温弗瑞网络”栏目中主持“赤裸企业家”。

肖恩被业内人士称为“企业家中的菲尔博士”，2014 年，他被评选为“加拿大创业年”的创业导师。